Das Buch

Als 1990 die DDR von der Bundesrepublik übernommen wurde, setzte sofort die juristisch-politische Verfolgung von Funktionsträgern ein. Insbesondere richtete sich der Fokus auf jene, die zwischen 1961 und 1989 Verantwortung an der Staatsgrenze trugen. Anlässlich des 50. Jahrestages der Maßnahmen zur Grenzsicherung untersuchen ehemalige Militärs, Historiker, Völkerrechtler und Politiker verschiedene Aspekte des »Mauerbaus« und damit zusammenhängende Probleme. Sie wollen damit den umlaufenden Entstellungen, einseitigen Betrachtungen, den vielen Halb- und Unwahrheiten entgegentreten, die nicht erst seit heute auf dem Markt sind.

Der Herausgeber

Hans Bauer, Jahrgang 1941, Jurist, Diplomgesellschaftswissenschaftler, seit 1966 als Staatsanwalt, zuletzt als stellvertretender Generalstaatsanwalt tätig, nach 1990 einige Jahre arbeitslos, ehe er seine Zulassung als Rechtsanwalt erhielt. 1993 Mitbegründer und heute Vorsitzender der »Gesellschaft zur rechtlichen und humanitären Unterstützung e. V.« (GRH).
Hans Bauer lebt in Berlin.

Hans Bauer (Hrsg.)

Grenzdienst war Friedensdienst

Der 13. August 1961. Ursachen und Folgen des Mauerbaus

SPOTLESS

Inhalt

Mochte sie auch noch so geschmäht werden – die Berliner Mauer stabilisierte seit 1961 die Grenze zwischen den Imperien der Supermächte in Europa.

Eric Hobsbawm
in: Gefährliche Zeiten.
Ein Leben im 20. Jahrhundert. Autobiografie
Hamburg 2003, S. 264

Vorbemerkungen

Von Hans Bauer

Kein Ereignis jüngerer deutscher Geschichte ist wohl Gegenstand so scharfer Auseinandersetzungen der verschiedenen politischen Lager wie die Sicherung der Grenzen der DDR am 13. August 1961. Besonders seit dem Anschluss der DDR an die BRD und der Herstellung der staatlichen Einheit Deutschlands wird dieses Thema von der offiziellen bundesdeutschen Politik zur zügellosen Hetze gegen den anderen deutschen Staat genutzt und zur Diskriminierung seiner verantwortlichen Politiker und Militärs missbraucht.

Jahrestage wie die 50. Wiederkehr der Grenzsicherung sind dabei willkommener Anlass, die gegenwärtig herrschende Auffassung öffentlichkeitswirksam zu verkünden. Politiker, Historiker und Literaten, Politik- und Rechtswissenschaftler, Publizisten und Juristen, Schriftsteller und Journalisten, wissenschaftliche Institutionen, Opferverbände und staatliche Einrichtungen, Museen, Ausstellungen und Gedenkstätten, Künstler, Konferenzen und Talkshows beschäftigten sich damit, den »Beweis« zu erbringen, dass die Maßnahmen des 13. August 1961 inhuman waren und zur Spaltung Deutschlands geführt haben.

Die Abrechnung mit den »bösen Kommunisten« ist staatlich initiiert, organisiert und wird mit Abermillionen Euro gefördert. Allein die Umsetzung des Gesamtkonzepts »Berliner Mauergedenken« soll etwa 38 Millionen Euro kosten.

Die Methoden zur »Beweisführung« des angeblichen Unrechts sind vielgestaltig. Geschichtliche Vorgänge werden einfach verschwiegen oder verfälscht. Zitate von DDR-Politikern werden aus dem historischen und inhaltlichen Zusammenhang gerissen. Einzelschicksale dienen dazu, das Unmenschliche des Grenzsystems zu dokumentieren. Schließlich ist sogar die Justiz bemüht worden, um Militärs, Politiker und Juristen zu kriminalisieren. Allein im Zusammenhang mit dem Gebrauch der Schusswaffe zur Grenzsicherung wurden 289 DDR-Bürger verurteilt, 279 von ihnen zu Freiheitsstrafen mit oder ohne Bewährung.

Das Wort vom sogenannten Schießbefehl, der tatsächlich nie existierte und deshalb auch nicht beweisbar ist, wurde medial und juristisch zu einem Synonym des »Unrechtsstaates DDR« aufgeblasen. Dabei wird völlig ausgeblendet, dass die Gewährleistung der territorialen Integrität und die Unverletzlichkeit der Staatsgrenze der DDR Verfassungspflicht war (Artikel 7 der DDR-Verfassung).

Für die Manipulation der Bevölkerung müssen alle Methoden der Massenpsychologie herhalten: Wissenschaftliche Abhandlungen, Ausstellungen und Fachpublikationen sollen den Eindruck seriöser Forschungsarbeit vermitteln, Urteile »Im Namen des Volkes« Geschichtsaufarbeitung unabhängiger Gerichte vortäuschen.

Man muss kein Historiker oder Jurist sein, um zu wissen, dass aus dem Zusammenhang gerissene Zitate ebenso wenig beweisen, wie sich mit Einzelbeispielen alles beweisen lässt. Und dass Rechtsauffassungen und Rechtssprechung immer den Zeitgeist verkörpern, besonders wenn es um politische Vorgänge und Prozesse geht.

Sich dieser Übermacht der Geschichtsklitterung entgegenzustellen, haben sich engagierte Gruppen, sachkundige Persönlichkeiten und Zeitzeugen zur Aufgabe gemacht. Anhand unbestechlicher Zeitdokumente und geschichtlicher Abläufe leisten sie einen unverzichtbaren Beitrag zur Aufklärung über die wahren Ursachen, Hintergründe und Zusammenhänge der Sicherungsmaßnahmen an den

Grenzen der DDR. Und das trotz vieler Hindernisse und Beschwernisse wie fehlender finanzieller Mittel und verschlossener Geheimarchive der Gegenseite.

Mit einer Reihe von Publikationen der zurückliegenden Jahre wie auch mit der vorliegenden Sammlung von Beiträgen werden Tatsachen und Fakten zu einem Bild zusammengefügt, das die folgenden Punkte überzeugend beweist:

Erstens. Mit den Maßnahmen des 13. August 1961 wurde die akute Gefahr eines Krieges zwischen den mächtigsten Militärblöcken, der NATO und den Warschauer Vertragsstaaten, verhindert.

Eine militärische Auseinandersetzung stand in diesem Zeitraum unmittelbar bevor. Die politische Lage zwischen den USA und der Sowjetunion spitzte sich dramatisch zu. Vorschläge der Sowjetunion zum Abschluss eines Friedensvertrages mit Deutschland wurden von den Westmächten abgelehnt, ein Separatfrieden mit der DDR hilfsweise von der Sowjetunion angekündigt. Militärisch war die Situation von gewaltigen Truppenkonzentrationen in beiden deutschen Staaten und der Anhäufung nuklearer Abschreckungswaffen der Großmächte gekennzeichnet.

Westberlin, auf dem Territorium der DDR gelegen, hatte sich durch sein großes militärisches Potenzial, die Wühlarbeit von etwa 80 Geheimdiensten und politische Provokationen zu einer »Frontstadt« entwickelt. Wie groß die Kriegsgefahr tatsächlich war und von wem diese Gefahr ausging, verdeutlichen die Erinnerungen von Franz-Josef Strauß, der in der ersten Hälfte Juli 1961 von amerikanischen Militärs nach einem geeigneten Ziel in der DDR für den Abwurf einer Atombombe gefragt wurde. Und Kennedy erkundigte sich schon mal, wie viele Amerikaner bei einer nuklearen Auseinandersetzung sterben würden

Die Antwort der Experten lautete: 70 Millionen.

Zweitens. Die grundsätzliche Entscheidung über die Sicherungsmaßnahmen an den Grenzen der DDR zur BRD und zu Westberlin traf die Sowjetunion.

Heute ist unbestritten, dass die beiden deutschen Staaten in ihrer Souveränität eingeschränkt waren. Das betraf sowohl Berlin als auch Deutschland als Ganzes. Verträge, die die jeweiligen Großmächte mit beiden Staaten – die drei Westmächte mit der BRD und die Sowjetunion mit der DDR – zu deren Souveränität abgeschlossen hatten, beinhalteten nur eine eingeschränkte Souveränität, vor allem in der Sicherheits- und Militärpolitik. Nachdem die diplomatischen Aktivitäten der Sowjetunion sowie die Treffen zwischen den USA und der Sowjetunion auf höchster Ebene ergebnislos verlaufen waren, ja sogar zur weiteren Zuspitzung der Lage geführt hatten, traf Nikita S. Chruschtschow Ende Juli 1961 die Entscheidung zur Grenzschließung, wie Forschungsergebnisse eindeutig belegen. Für die Sowjetunion ging es hier nicht nur um die Deutschland- und Berlinfrage, sondern um die Sicherung der Grenzen am »westlichen Vorposten« des sozialistischen Lagers. Es ging also um globale strategische Fragen, um die Auseinandersetzung zweier Systeme.

Drittens. Die Sicherungsmaßnahmen waren von den politischen und staatlichen Entscheidungsträgern der DDR einstimmig beschlossen, mit hoher Professionalität durchgeführt und von der Mehrheit der Bevölkerung begrüßt worden.

Planung, Vorbereitung und Durchführung der Maßnahmen des 13. August 1961 waren kein Alleingang der SED-Führung. Trotz größter Geheimhaltung erfolgten die Maßnahmen in einem demokratischen Prozess, der von der Zustimmung der Volkskammer der DDR bis zur Einbeziehung aller Blockparteien reichte. Die führenden Staats- und Parteiorgane handelten arbeitsteilig und präzise aufeinander abgestimmt. Die unmittelbare Ausführung lag nicht nur in den Händen der Militärs; Kräfte der Volkspolizei und Angehörige der Kampfgruppen wurden mit den ersten Aufgaben zur Grenzsicherung betraut. Im Gegensatz zur »Maueröffnung« im November 1989 erfolgte der »Mauerbau« im August 1961 mit beispielhafter politischer, staatlicher und militärischer Präzision.

Die Mehrheit der Bevölkerung stand hinter den Maßnahmen, weil damit ein ungesunder Zustand in und um Berlin beendet wurde. Abgesehen von Forderungen nach einer Lösung, die bereits im Vorfeld aus der Bevölkerung laut wurden, und Zustimmungsbekundungen nach Realisierung der Maßnahmen ist auch die Tatsache beachtenswert, dass größere Proteste gegen den »Mauerbau« nicht bekannt sind.

Viertens. Die Politik der DDR war bis 1961 nicht auf Spaltung, sondern auf die Schaffung eines einheitlichen friedlichen Deutschlands gerichtet.

Heute wird in westlicher Propagandamanier regelmäßig das bekannte Zitat Walter Ulbrichts aus der Pressekonferenz vom 15. Juni 1961 wiederholt, dass niemand die Absicht habe, eine Mauer zu errichten, womit letztlich suggeriert werden soll, Ulbricht habe bewusst gelogen und die DDR mit der »Mauer« die Spaltung Deutschlands betrieben. Damit ist beabsichtigt, die Bevölkerung hinsichtlich der wahren Ursachen, Hintergründe und Verantwortlichen der Spaltung zu täuschen und zu manipulieren.

Tatsächlich hat die Spaltung Deutschlands eine lange Vorgeschichte, die bereits vor Beendigung des Zweiten Weltkrieges begann und nach 1945 von westlicher Seite fortgesetzt wurde. Ursprüngliche Vorschläge der Westalliierten, Deutschland in mehrere Einzelstaaten zu zerstückeln, wurden zwar nicht realisiert, die Vereinbarungen von Jalta und Potsdam 1945, während der Besatzungszeit eine friedliche Regelung für Deutschland vorzubereiten, die durch »eine geeignete Regierung Deutschlands angenommen werden kann«, sowie die »wirtschaftliche Einheit« Deutschlands weiter zu gewährleisten (Potsdamer Abkommen II.3, III. B.14), fanden aber keine Umsetzung. Fest steht, dass die gemeinsame Absicht der Antihitlerkoalition, ein friedliches Gesamtdeutschland zu schaffen, nur kurz währte – wenn sie überhaupt ernsthaft bestand. Die Koalition zerbrach schon bald an der völlig entgegengesetzten Interessenlage der Westmächte und der Sowjetunion.

Die Festlegungen des Potsdamer Abkommens wurden durch die Westmächte gebrochen, die Schritt für Schritt die Spaltung vorantrieben. Mit der Bildung der Bi- und Trizone in den westlichen Besatzungszonen, der separaten Währungsreform 1948, der Ausarbeitung und Annahme des Grundgesetzes am 23. Mai 1949 und mit Gründung eines eigenen Staates war die wirtschaftliche und staatliche Spaltung Deutschlands vollzogen.

Der Eintritt in die NATO am 5. Mai 1955 und die volle Integration der BRD in das westliche Bündnis vertiefte die Spaltung.

In der sowjetischen Zone wurde adäquat im Sinne von Gegenmaßnahmen reagiert. Am 7. Oktober 1949 konstituierte sich dort die DDR, am 14. Mai 1955 erfolgte der Beitritt zum Warschauer Vertrag.

Allein diese Chronologie der historischen Vorgänge zeigt, von wem die Spaltung betrieben wurde. Die deutsche Politik beider Seiten entsprach voll dem Willen der jeweiligen Besatzungsmächte. Sie gewann zwar zunehmend an Eigenständigkeit, unterlag in den entscheidenden Fragen jedoch stets eingeschränkter Souveränität.

Nach Bildung beider deutscher Staaten unterbreiteten die Sowjetunion und die DDR eine Vielzahl von Vorschlägen zur Herstellung der Einheit Deutschlands, verbunden mit einer längst fälligen Friedensregelung. Von westlicher Seite wurde darauf nicht bzw. stets ablehnend reagiert. Bekanntlich lehnte Adenauer ein geeintes, zur Neutralität verpflichtetes Deutschland nach dem Motto ab: »Lieber das halbe Deutschland ganz als das ganze Deutschland halb.«

Fünftens. Die Maßnahmen des 13. August 1961 ermöglichten der DDR in der Folgezeit einen beachtlichen Aufschwung im Wirtschafts- und Sozialleben des Landes.

Zu welchen Folgen die offene Grenze in Berlin für die DDR geführt hat, ist hinlänglich bekannt. Krimineller Untergrund, feindliche Wühltätigkeit und ökonomisches Parasitentum, verbunden mit systematischer Abwerbung von Fachkräften und organisierter Republikflucht – man kann es auch Menschenhandel nennen – führten zu Milliarden Verlusten und gingen an die Substanz der DDR, ja sie bedrohten ihre Existenz. Die ohnehin gespannte politische und militärische Lage erfuhr durch die besondere Situation in Berlin eine derartige Zuspitzung, dass die DDR eine Art Notstand zum Handeln zwang. Das gebot auch die Verfassung, nach der die Staatsgewalt »dem Wohle des Volkes« zu dienen hatte. Die schlagartige Schließung der Grenzen und eine strenge Grenzkontrolle waren Lösungen des Problems im Interesse der Bevölkerung des Landes. Das sahen auch die meisten Menschen so.

Selbstverständlich ist unbestritten, dass mit der Grenzschließung erhebliche Einschränkungen, Härten und auch Leid für Menschen verbunden waren: Trennung von Familien, Verlust von Eigentum sowie Einschränkungen der Freizügigkeit und der Ausreise. Leider waren auch Schäden an der Gesundheit und Tote nicht zu verhindern. Dabei sollte aber nicht übersehen werden, dass jedem die Gefahr an den Grenzen bekannt war, er somit beim unberechtigten Passieren ein hohes Risiko auf sich nahm. Der Tod von Grenzern beim Schutz der Grenze beweist im Übrigen, wie gefährlich die Verwirklichung dieses Verfassungsauftrages war, und zeigt, weshalb im Ausnahmefall auch der Einsatz der Schusswaffe notwendig wurde.

Trotz der, mit den strikten Sicherungsmaßnahmen verbundenen, persönlichen Härten für einen Teil der Menschen belegt die Entwicklung der DDR nach 1961 die Richtigkeit der damals getroffenen Entscheidungen. Der Frieden wurde gerettet. Der Staat DDR konnte die Potenzen, die eine sozialistische Entwicklung in sich barg, sichtbar entfalten. Die DDR erlebte einen beachtlichen Aufschwung, von dem alle gesellschaftlichen Bereiche profitierten. Soziale Maßnahmen hatten eine spürbare Verbesserung des Lebens der Menschen zur Folge.

Jüngere Veröffentlichungen zum 13. August 1961 und das langjährige Wirken vieler ehemaliger Grenzer, insbesondere in der Gesellschaft zur Rechtlichen und Humanitären Unterstützung (GRH) e. V., haben dazu beigetragen, Tatsachen und Zusammenhänge dieses historischen Ereignisses aufzudecken, Fälschungen zu entlarven und Verleumdungen entgegenzutreten. Mit diesem Buch wird daran angeknüpft. Politiker, Historiker, Militärs und Juristen stellen sich dem Thema aus unterschiedlicher, teilweise sehr persönlicher Sicht. Wissenschaftliche Erkenntnisse zu völkerrechtlichen Fragen und zu militärischen Aspekten, persönliche Erfahrungen, Erlebnisse und Reflexionen zur langen Vorgeschichte sowie zur unmittelbaren Vorbereitung, zu Ablauf, Problemen, Folgen und zur internationalen Resonanz auf die Grenzsicherung dienen dazu, das bekannte Wissen über den Mauerbau zu erweitern und zu vervollständigen.

Die Beiträge dieser Publikation sollen zu weiterem Nachdenken, aber auch zu Meinungsäußerungen und offensivem Umgang mit dem Thema anregen und herausfordern. Die Aufklärung über den wahren Charakter des 13. August 1961 bleibt aktuell.

Die Mauer: nicht sehr schön, aber notwendig

*Von Robert Allertz**

Im Nachlass von Alfred Neumann (1909-2001) fand sich ein Schreiben von Peter Hacks. »Lieber Alfred«, schrieb der Dichter am 3. November 1997, »ich habe Dir dieses Gedicht gewidmet«. Beigefügt waren drei Seiten, die mit »Das Vaterland« überschrieben waren. Und obgleich nirgendwo das bekannte Kürzel steht, ist schon nach den ersten Zeilen klar, welches Land Peter Hacks meinte. Die sechste Strophe darin lautet folgendermaßen:

> Wer kann die Pyramiden überstrahlen?
> Den Kreml, Sanssouci, Versailles, den Tower?
> Von allen Schlössern, Burgen, Kathedralen
> Der Erdenwunder schönstes war die Mauer.
> Mit ihren schmucken Türmen, festen Toren.
> Ich glaub, ich hab mein Herz an sie verloren.

Danach haben sich Literaturwissenschaftler und andere Ästheten das Hirn zermartert und Homepages wie Zeitungsspalten gefüllt, was dieses Bekenntnis zur Mauer solle, ob Hacks es wirklich so oder nicht doch ironisch gemeint habe, und warum das erste Wort *Wer* laute, obwohl es doch richtiger *Was* heißen müsste, und dergleichen akademische Flohknackerei mehr. Einer meinte doch tatsächlich: »Weder hatte die Mauer *schmucke Türme* noch *feste Tore*. Sie *überstrahlte* rein gar nichts, sondern musste ihrerseits angestrahlt werden«, um dann mit eigenem Unverstand zu schließen: »Zwinkert Hacks? Oder hat er einen Augenfehler?«

Augen- und Denkfehler beim Betrachten »der Mauer« haben vermutlich jene, die das Bauwerk lediglich aus der Perspektive der Abrisskolonnen beurteilen und den historischen Kontext ignorieren, in dem sich die Grenzmaßnahmen am 13. August 1961 zutrugen.

Wer Geschichte begreifen will – aber wollen das wirklich alle, die vorgeben, sich mit ihr auseinanderzusetzen und sie »aufzuarbeiten«? –, muss die einzelne Entwicklung stets in Verbindung mit anderen Vorgängen betrachten. Die bürgerliche Geschichtsschreibung untersucht ein einzelnes Ereignis, und das oft wirklich sehr gründlich und intensiv, ohne jedoch das Umfeld auszuleuchten und den kausalen Zusammenhang von Aktion und Reaktion in der Vorgeschichte einzubinden.

Man nehme als Beispiel den Fall Peter Fechter.

Der 18-jährige Maurergeselle versuchte am 17. August 1962 unweit des Grenzübergangs in der Berliner Friedrichstraße, den man heute nur als »Checkpoint Charlie« und bunten Jahrmarkt kennt, die Grenzsicherungsanlagen zu überwinden. Er wurde dabei von Schüssen der Grenzsoldaten verletzt und blieb etwa eine Stunde unversorgt im Grenzstreifen liegen. Seine lauten Hilferufe führten dazu, dass sich auf Westberliner Seite rasch Zuschauer einfanden, um über die Mauer zu schauen.

Warum aber eilten unsere Grenzsoldaten dem schreienden Verletzten nicht zu Hilfe?

Dass sich die DDR-Grenzer nicht trauten, hatte einen nachvollziehbaren Grund: Auf der Gegenseite hatte sich auch eine beachtliche Zahl Polizisten versammelt, die mit ihren Waffen fuchtelten. Und jeder Grenzer wusste: Erst drei Tage zuvor war in Thüringen Rudi Arnstadt, ihr Kollege und Genosse, von einem BGS-Beamten erschossen worden. Und unweit von hier, in der Zimmerstraße 56, starb vor vier Wochen der Gefreite Reinhold Huhn durch Mörderhand. Ihre Furcht, bei der Bergung des verletzten Grenzverletzers selbst in einen tödlichen Kugelhagel zu geraten, war also durchaus begründet. Zumal die wütenden Zuschauer skandierten: »Mörder, Mörder!« Und Volkes Stimme motiviert nicht nur Politiker.

Natürlich stellt sich auch die Frage, warum die am »Checkpoint Charlie« diensttuenden US-Soldaten nicht zu Hilfe eilten – sie hatten das Besatzungsrecht auf ihrer Seite, und keiner im Westen wie im Osten hätte die Waffe auf sie zu richten gewagt. Eine Stunde schauten sie untätig zu. Warum?

Das langsame Sterben des 18-Jährigen wurde von der Westseite fotografiert und gefilmt. Man vernimmt die immer schwächer werden Hilferufe, hört die »Mörder«-Schreie, wenn man die bewegten Bilder sieht. Das berührt jeden, der ein Herz hat. Und diese erschütternde Filmsequenz wurde damals immer wieder gezeigt, denn: Sie bewies auf überzeugende Weise, ohne dass man es aussprechen musste, wie grausam und brutal das »Zonenregime« war. Bis zum heutigen Tag wird damit auf Kosten eines bedauerlichen Opfers üble, verlogene politische Propaganda betrieben.

Wenige Tage vorm 17. Juni 2011 (Achtung! DDR-Volksaufstand) wurde eine Fechter-Plastik enthüllt. Die *Berliner Morgenpost* meldete unter der Überschrift »Neues Denkmal erinnert an die Maueropfer« in ihrer Ausgabe vom 14. Juni 2011: »Die Skulptur ist mit Goldlack überzogen und glänzt in der Sonne. Seit dem Wochenende steht sie auf einem Grundstück an der Bernauer Straße, nahe der Kreuzung Brunnenstraße. Hinter Stacheldraht ist ein Soldat zu sehen, der einen leblosen Mann trägt. Es ist eine Nachbildung des Fotos von 1962, das zeigt, wie ein DDR-Grenzer den angeschossenen und verbluteten Flüchtling Peter Fechter wegträgt. ›Mauerdenkmal 1000‹ hat Florian Brauer die Skulptur genannt, die er gebaut hat. Sie besteht aus Kunststoff. Die Oberflächen haben zwei Studentinnen mit Gips modelliert. Stiefel, Koppel und Mütze sind Originale.

Das Denkmal erinnere an die biblische Erzählung von Kain und Abel, sagt Florian Brauer. ›Eine übergeordnete Symbolik, die an diesem Ort fehlt.‹ Es sei ihm nicht erlaubt worden, die Skulptur auf dem Gelände der Gedenkstätte aufzustellen, kritisiert der Künstler.«

Die Gründe für diese Verweigerung sind nicht bekannt. Gewiss sind es andere als jene, die unsereiner vorzubringen hätte, also sachliche Einwände, die sich gegen die mit dem Vorfall verbundene Demagogie, Heuchelei und historische Unwahrheit richten. (Übrigens: Das »Denkmal« wurde nach einer Woche von Unbekannten vom Sockel gestoßen und abgeräumt.)

Denn der Vorgang ist nicht nur in seiner politischen Instrumentalisierung exemplarisch, sondern auch in der Art seiner Darstellung: Junger, unbescholtener Mann aus Ostberlin will nach Westberlin. Die DDR lässt ihn nicht. Darum will er über die Mauer steigen. Er wird angeschossen. Die Schützen lassen ihn verbluten. Anschließend wird er weggetragen und die Sache vertuscht.

Es wird nicht gefragt: *Warum* will der junge Mann von Ost nach West? *Wieso* versucht er ausgerechnet in Berlin-Mitte, an einem der bekanntesten, meist stark frequentierten Orte, und am hellen Tage über die Mauer zu klettern? Weshalb erteilt der US-Kommandant von Westberlin, Generalmajor Albert Watson, auf telefonische Nachfrage dem Posten am »Checkpoint Charlie« die Order: »Lieutenant, you have your orders. Stand fast. Do nothing.« (*Leutnant, Sie haben Ihre Anweisungen. Bleiben Sie bereit. Tun Sie nichts.*) *Welche* Anweisungen?

Vor allem jedoch wird eine sachliche, aus dem Gang der Geschichte abgeleitete Antwort auf die Frage »Aus welchem Grunde zieht sich seit dem 13. August 1961 durch Berlin überhaupt eine Mauer?« ausgeblendet.

Ohne diese Auskunft kann man nämlich alles behaupten. Mit ihr hingegen fällt es schwer, der DDR kriminelle Vorsätze und anderen Unsinn zu unterstellen.

Es gab mindestens drei objektive Gründe, weshalb 1961 akuter Handlungsbedarf bestand.

1. Die DDR drohte personell auszubluten. Über die offene Grenze hatten an die drei Millionen Ostdeutsche, meist qualifizierte Fachkräfte, das Land Richtung Westen verlassen. Sie folgten der Hoffnung auf ein besseres, angenehmeres Leben. Diese Erwartung, vom Westen absichtlich geschürt, basierte aber auch auf objektiven Tatsachen. Während in der Bundesrepublik mit Marshallplan-Hilfe und anderen Zuwendungen ein »Wirtschaftswunder« stattfand, zahlten die Bürger der DDR die Kriegsschulden für Gesamtdeutschland und mussten zudem erst eine Industrie aufbauen. Später urteilten die Historiker, dass das eigentliche Wirtschaftswunder die DDR vollbracht habe, weil die Ausgangsbedingungen im Osten ungleich schlechter waren als im Westen.

In der Tat sprechen alle Statistiken für die DDR. Ein Institut in Köln errechnete und verglich unlängst die Entwicklung des Bruttoinlandsprodukts (BIP) je Einwohner in der DDR und in der BRD, wobei man den Ausgangspunkt im Jahr 1950 für beide in gleicher Höhe ansetzte. Das BIP in der DDR wuchs bis 1989 pro Person auf 617 Prozent, das in der Bundesrepublik auf 430 Prozent.

Nicht alle DDR-Bürger hatten Ausdauer und waren bereit, den schwereren Weg zu gehen, was auch verständlich ist: Jeder Mensch hat nur ein Leben. Es ist seine Entscheidung, wo und unter welchen Umständen er es verbringen möchte. (Dass ein Staat wie die DDR das etwas anders sah, anders sehen musste, hatte seine Gründe, die man kritisieren oder teilen kann. Auf alle Fälle aber hatten sie nichts mit Willkür oder Selbstherrlichkeit zu tun.)

Die meisten Menschen, die damals die DDR verließen, taten dies in erster Linie aus wirtschaftlichen, nicht aus politischen Erwägungen. Sie waren darum, nach heutigem Verständnis, klassische Wirtschaftsflüchtlinge. Wie eben jene drei Millionen Ostdeutsche auch, die nach 1990 in den Westen gingen. Auch sie flohen nicht vor den politischen Verhältnissen im Osten, sondern vor der Arbeits- und Perspektivlosigkeit. Ob sich auch dies à la longue als Illusion erweist, wird man sehen.

Dem fortgesetzten Abgang von Werktätigen durch die offene Grenze zu Westberlin und die vergleichsweise eher schwach gesicherte Staatsgrenze zur Bundesrepublik musste aus objektiven Gründen ein Riegel vorgeschoben werden. Eine der dazu angestellten Überlegungen war jene, dass die Sowjetunion die anderen Alliierten bewegen sollte, den Flugverkehr von und nach Westberlin ausschließlich über Berlin-Schönefeld abzuwickeln. Man meinte, die Sache damit unter Kontrolle bekommen zu können.

Dass sich die Westmächte darauf einlassen würden, schien eher unwahrscheinlich. Es herrschte Kalter Krieg, an Kooperation war nicht zu denken.

Und selbst wenn diese Vorstellung sich hätte durchsetzen lassen: Was war mit den Zehntausenden Grenzgängern? Jenen Menschen aus dem Berliner Umland und aus dem Ostsektor, der Hauptstadt der DDR, die in Westberlin arbeiteten und billig im Osten lebten. Preiswerter noch als ihre Nachbarn, denn ihr Westgehalt vervielfachte sich in den Westberliner Wechselstuben, wenn sie zu Schwindelkursen DM in Mark der DDR umtauschten.

Kurz, die DDR brauchte eine Lösung, mit der sie endlich Herr im eigenen Hause werden konnte.

2. Die Sowjetunion als Führungsmacht des Warschauer Paktes fürchtete um die Sicherheit an der Westgrenze des Bündnisses. Kriege beginnen oft mit Grenzkonflikten. Die Staatsgrenze West der DDR war zugleich die Frontlinie zur NATO. Aus der Sicht der Westmächte handelte es sich um eine innerdeutsche Grenze, vergleichbar den Grenzen zwischen Bundesländern. Die

DDR wurde als Staat nicht anerkannt, war folglich kein Subjekt des Völkerrechts. Die Bundesrepublik reklamierte international nicht nur die Alleinvertretung für »alle Deutschen«, sondern setzte diesen Anspruch mit politischem und wirtschaftlichem Druck auch durch. Wer die DDR diplomatisch anerkennen wollte, hatte mit dem Abbruch der Beziehungen durch Bonn zu rechnen.

So lange also die Grenze offen blieb, blieb es auch die deutsche Frage. Und das war gefährlich.

Schließlich beschäftigte Moskau auch die Sicherheit der eigenen Truppen, die auf dem Territorium der DDR stationiert waren: mehr als eine halbe Million Mann, die stärkste Streikraft außerhalb der Sowjetunion, die erste Linie im Falle eines militärischen Konfliktes mit NATO-Streitkräften im zentraleuropäischen Gefechtsraum.

Berlin galt als Welthauptstadt der Geheimdienste. Kaum ein Nachrichtendienst, der hier nicht vertreten war. Von Westberlin aus konnte jeder Agent unkontrolliert in Feindesland »einsickern«. Diesen Vorzug nutzten natürlich auch die östlichen Dienste. Gleichwohl war die Sicherheit der sowjetischen Einheiten gefährdet, sie waren die wichtigsten Ausspähobjekte in der DDR.

Auch deshalb war die Sowjetunion dringend an einer finalen Lösung bezüglich der Grenze durch Berlin und zwischen den beiden deutschen Staaten interessiert.

3. Das alles war der Systemauseinandersetzung geschuldet, die gemeinhin als Kalter Krieg bezeichnet wurde. Es war der Klasssenkampf auf staatlicher Ebene, der Grundwiderspruch zwischen Kapital und Arbeit. Oder wie es in Bert Brechts »Lied vom Klassenfeind« heißt: »Und ich lernte, wieso und weswegen / da ein Riss ist durch die Welt? / Und der bleibt zwischen uns, weil der Regen / von oben nach unten fällt.«

Die Antihitlerkoalition war bereits in der Endphase des Krieges auseinandergebrochen. Winston Churchill befand, das »falsche Schwein« geschlachtet zu haben, und gab im Mai 1945 Planungen in Auftrag, wie Großbritannien und die USA – mit Hilfe von etwa 100.000 kriegsgefangenen Wehrmachtsoldaten – die Sowjetunion militärisch unterwerfen könnten. Der Angriff sollte am 1. Juli 1945 erfolgen. Die »Operation Unthinkable« fiel aus, weil der Welt kaum zu vermitteln gewesen wäre, warum ausgerechnet jener Staat, der den höchsten Blutzoll gezahlt und den größten Beitrag zur Befreiung Europas von der Naziherrschaft geleistet hatte, die UdSSR, von seinen eigenen Verbündeten angegriffen würde. So blieb es Churchill überlassen, am 5. März 1946 in Fulton/Missouri eine Brandrede zu halten, die gemeinhin als Auftakt des Kalten Krieges bezeichnet wird. Er plädierte dort für eine Politik der Stärke gegenüber den Sowjets und benutzte auch einen Begriff, den bereits Goebbels dreizehn Monate zuvor verwendete, um vor der Roten Armee zu »warnen«. In Europa sei ein »Eiserner Vorhang« niedergegangen, erklärte nunmehr auch der britische Ex-Premier, »hinter dem die Massenabschlachtung der Völker« beginnen werde.

US-Präsident Harry S. Truman leitete daraus praktische Politik ab. Nach Jahresfrist, am 12. März 1947, erklärte er, die USA würden »allen Völkern, deren Freiheit von militanten Minderheiten oder durch einen äußeren Druck bedroht ist«, Beistand gewähren. (Es ist gewiss kein Zufall, dass die ideologische Begründung des »Kriegs gegen den Terror«, den sein Nachfolger George W. Bush ein halbes Jahrhundert später ausrief, ähnlich lautete.) Mit der sogenannten Truman-Doktrin begründeten die USA fortan den Kampf gegen den »Totalitarismus«, dem »die Freiheit« gegenüberstünde.

Damit wurde fortan jegliches Vorgehen gegen andere Gesellschaftsentwürfe und nationale Interessen, die mit denen der USA nicht konform gingen, legitimiert. »Zum gegenwärtigen Zeitpunkt der Weltgeschichte muss fast jede Nation zwischen alternativen Lebensformen wählen.

Nur zu oft ist diese Wahl nicht frei. Die eine Lebensform gründet sich auf den Willen der Mehrheit und ist gekennzeichnet durch freie Institutionen, repräsentative Regierungsform, freie Wahlen, Garantien für die persönliche Freiheit von politischer Unterdrückung.

Die andere Lebensform gründet sich auf den Willen einer Minderheit, den diese der Mehrheit gewaltsam aufzwingt. Sie stützt sich auf Terror und Unterdrückung, auf die Zensur von Presse und Rundfunk, auf manipulierte Wahlen und auf den Entzug der persönlichen Freiheiten«, erklärte Truman vor dem US-Kongress und der Welt. »Ich glaube, wir müssen allen freien Völkern helfen, damit sie die Geschichte auf ihre Weise selbst bestimmen können. Unter einem solchen Beistand verstehe ich vor allem wirtschaftliche und finanzielle Hilfe, die die Grundlage für wirtschaftliche Stabilität und geordnete politische Verhältnisse bildet.«

Nun, wir kennen diesen »Beistand«, der nichts anderes als eine Einmischung in die Angelegenheiten fremder Staaten und Völker darstellt, inzwischen zur Genüge. Der selbsternannte Weltgendarm schert sich seit Truman einen Dreck um internationales Recht, wenn es um die eigenen nationalen Interessen geht.

Ende der 50er Jahre, die USA verfolgten unvermindert die Politik des Rollback, hatte die Sowjetunion zwar noch nicht das militärstrategische Gleichgewicht hergestellt, aber beispielsweise mit dem Sputnik, den sie 1957 in eine Erdumlaufbahn geschossen hatte, in der US-Administration einen Schock ausgelöst. Im Weißen Haus regierte seit 1953 Dwight D. Eisenhower, während des Weltkrieges Oberbefehlshaber der westlichen Streitkräfte in Europa. Er sollte sein Amt an Kennedy abgeben, der Anfang 1961 als 35. US-Präsident vereidigt wurde. Mit 43 Jahren war er der jüngste Präsident der USA.

Das muss den fast ein Vierteljahrhundert älteren Chruschtschow veranlasst haben, bei ihrem Gipfeltreffen in Wien Kennedy wie einen, nun, sagen wir ruhig, »kleinen Jungen« behandelt zu haben. Der sowjetische Partei- und Regierungschef reiste mit großem Selbstbewusstsein an die Donau, wozu er durchaus Grund hatte. Wenige Wochen zuvor hatte die Sowjetunion den ersten Menschen ins All geschossen, und eine Invasion von Exilkubanern auf der Karibik-Insel, die von den USA nicht nur unterstützt, sondern auch initiiert worden war, hatte erfolgreich abgewehrt werden können. Und, auch das war nicht vergessen: Am 1. Mai 1960 hatte die sowjetische Flugabwehr bei Swerdlowsk ein Spionageflugzeug der USA in 10.000 Meter Höhe abgeschossen. Bis dato wähnten sich die Himmelsspione aus Übersee in dieser Höhe sicher. Nun aber besaß die Sowjetunion eine neue Flugabwehrrakete.

Seit Jahren war die Bedrohung und damit auch die Kriegsgefahr gewachsen. Die Zahl der Manöver im Westen war seit 1958 merklich angestiegen. Im Januar jenen Jahres hatte Heinrich von Brentano, Außenminister der BRD, im Bundestag erklärt, dass die militärischen Anstrengungen der NATO der Wiederherstellung der deutschen Einheit dienten. In einem erst später bekannt gewordenen US-Geheimdokument hieß es zu Berlin, dass die Stadt in dreifacher Hinsicht wichtig sei: als strategische Vorwärtsposition im Kampf mit der Sowjetunion, als Kriterium für das Verhältnis zur Bundesrepublik und als Schaufenster der Freiheit. Zudem sei Westberlin Basis für offene und geheime Operationen gegen Ostdeutschland und den Ostblock.

Chruschtschow wollte in Wien drei Themen erörtern: Abrüstungsfragen, einen Atomtest-Stopp und die Deutschlandfrage. Moskau drängte, wie auch die DDR, auf einen Friedensvertrag der Siegermächte mit Deutschland, um beide Staaten in die Normalität zu entlassen. Dazu hatte die Sowjetunion bereits mehrere Vorstöße unternommen. 1958 hatte Chrutschow erstmals vorgeschlagen, Berlin zu entmilitarisieren, d. h. die Siegermächte sollten ihre Truppen abziehen und Westberlin, das auf dem Territorium der DDR lag, zur »Freien Stadt« erklären.

Diese sogenannte Drei-Staaten-Lösung lehnten die Westmächte kategorisch ab, sie wollten ihren östlichsten Brückenkopf aus naheliegenden Gründen nicht aufgeben. Da Chruschtschows Vorschlag Teil eines Junktims war, sprach der Westen von einem Ultimatum. Wenn die Alliierten einem Friedensvertrag mit »Deutschland« nicht zustimmten, so hatte Moskaus erster Mann erklärt, würde die Sowjetunion binnen sechs Monaten einen solchen mit der DDR schließen und ihr alle Rechte übertragen, die gegenwärtig noch von der Sowjetunion ausgeübt würden. Das betraf vor allem die Kontrolle der Zugangswege von und nach Westberlin.

Die Westmächte, insbesondere die USA, empfanden diesen Vorschlag als Drohung und reagierten mit wachsendem militärischen Druck, welcher die Kriegsgefahr spürbar erhöhte.

Wie sehr auf beiden Seiten die Zeichen auf Sturm standen, wurde in Wien deutlich, ebenso die grundlegenden Veränderungen. Die Welt war inzwischen bipolar geworden. Es gab nur noch zwei Großmächte, die sich konfrontativ gegenüberstanden. Alle anderen internationalen Beziehungen waren vom Verhältnis der beiden Großen zueinander abhängig. Man prägte dafür die Bezeichnung »politische Großwetterlage«.

Die Protokolle der Wiener Gespräche zeigen, dass beide Staatschefs zu begründen versuchten, weshalb die Handlungen der anderen Seite geradewegs zum Krieg führen würden.

Kennedy: »Wenn man uns jetzt durch eine einseitige Handlung aus Westberlin jagt, […] dann verwandeln sich alle Verpflichtungen der USA gegenüber anderen Staaten in Schall und Rauch, und niemand wird jemals den Vereinigten Staaten wieder Glauben schenken.«

Chruschtschow: »Sie reden von Ihrem Prestige, aber Sie müssen auch unser Prestige berücksichtigen. [...] Sie wollen unseren Staat erniedrigen, aber wir werden das nicht erlauben.«

Chruschtschow wiederholte seinen Vorschlag, einen separaten Friedensvertrag mit der DDR zu schließen, wenn sich die Westmächte einem mit Deutschland verschließen und ihre Rechte in Westberlin nicht aufgeben würden.

Darauf Kennedy: »Bedeutet dies, dass der freie amerikanische Zugang nach Westberlin blockiert wird?«

Chruschtschow: »Genau das.«

Kennedy: »Nicht akzeptabel.«

Chruschtschow: »Ich möchte Frieden, aber wenn Sie einen Atomkrieg wollen, dann können Sie ihn haben.«

Nach dem Essen trafen sich die beiden noch einmal zu einem Gespräch unter vier Augen. Es war sehr kurz.

Chruschtschow reagierte auf Kennedys Bemerkung, er bedauere, dass man in der deutschen Frage keine Einigung habe erzielen können, mit einer klaren Ansage: »Drohungen von Ihrer Seite werden uns nicht aufhalten. Wir wollen keinen Krieg. Wenn Sie ihn uns aber aufnötigen, wird es ihn geben.« Er werde den Friedensvertrag mit der DDR auf jeden Fall im Dezember 1961 unterzeichnen.

Kennedy antwortete weniger deutlich, aber man konnte sich einen Reim darauf machen: »Ja, wie es scheint, wird es einen kalten Winter geben in diesem Jahr.«

Noch auf dem Rückflug diskutierte Kennedy mit seinem persönlichen Assistenten Kenneth O'Donnell die Folgen eines möglichen Atomkrieges. Alle Kriege fingen aus Dummheit an, sagte Kennedy. »Es kommt mir besonders dumm vor, das Leben von Millionen Amerikanern aufs Spiel zu setzen, wenn es um das Recht geht, die Autobahn in der sowjetischen Zone Deutschlands zu benutzen.«

Nach seiner Rückkehr ließ Kennedy von seinen Experten die Frage beantworten, wie viele Amerikaner in einem Atomkrieg sterben würden, und man nannte die Zahl 70 Millionen.

Daraufhin entsandte Kennedy seinen Sonderberater für Abrüstungsfragen in die Sowjetunion. John Jay McCloy verhandelte im Juli 1961 an die zwanzig Tage in Moskau und auf der Krim, wo Chruschtschow Urlaub machte. Danach fand der Gipfel des Politisch Beratenden Ausschusses statt, auf dem Chruschtschow vorschlug, die Grenze um Berlin zu schließen und die Staatsgrenze West der DDR unter sichere Kontrolle zu bringen.

Am 13. August lief das bekannte Szenario mit den entsprechenden Reaktionen bei den drei westlichen Staatschefs ab.

Was bei der Fokussierung auf den sogenannten Mauerbau untergeht, ist die Tatsache, dass McCloy mit dem sowjetischen Unterhändler Valerian Alexandrowitsch Sorin ein später nach ihnen benanntes Papier erarbeitete (»Gemeinsame Erklärung über die Grundsätze der Abrüstung zwischen den Vereinigten Staaten von Amerika und der Sowjetunion«), das am 29. Dezember 1961 von der UNO-Vollversammlung einstimmig verabschiedet wurde. Dieses McCloy-Sorin-Abkommen bildete die Grundlage, oder wie es heute heißt: die Roadmap, für alle nachfolgenden Verhandlungen und internationalen Verträge über atomare und allgemeine Abrüstung unter wirksamer internationaler Kontrolle.

McCloy soll Kennedy am 25. September 1961 das Papier mit der Bemerkung übergeben haben: »Heute müssen alle Bewohner dieses Planeten auf den Tag gefasst sein, an dem er nicht mehr bewohnbar ist. Jeder Mann, jede Frau, jedes Kind lebt unter der Drohung eines nuklearen Damokles-Schwertes, das an einem Faden hängt, der jeden Augenblick durch ein Unglück, eine falsche Rechnung oder einen Wahnsinnsakt durchschnitten werden kann. Die Kriegswaffen müssen zerstört werden, bevor sie uns zerstören.«

Bemerkenswerte Worte, die auch nach fünfzig Jahren nicht eingelöst sind und unverändert Auftrag bleiben.

In diesem globalen Kontext muss man die Berlin-Krise und die Maßnahmen vom 13. August 1961 sehen. Die Probleme in der Systemauseinandersetzung hatten sich zu einem Gordischen Knoten verwickelt. Dieser war nur noch durch einen Schwertstreich zu lösen, für den es lediglich die Alternative gab: Krieg oder eben jene Maßnahmen, die das östliche Bündnis kollektiv vornahm. »Keine sehr schöne Lösung, aber tausendmal besser als Krieg«, befand US-Präsident Kennedy.

Anders lässt sich jener radikale Schnitt, der im August 1961 geführt wurde, auch nicht bewerten.

Beide Großmächte wahrten den Frieden und zudem ihr Gesicht: Nach dem Friedensvertrag, den Chruschtschow noch im Dezember 1961 mit der DDR abschließen wollte, fragte niemand mehr. Er kam bekanntlich erst im September 1990 zustande.

Und bis dahin galten auch Kennedys drei Essentials (die Rechte der Westmächte in ihren drei Sektoren bleiben unangetastet, ebenso ihre Zugangsrechte nach Berlin, Sicherheit und Rechte der Westberliner werden durch die Westmächte gewahrt).

Der Frieden war gerettet worden, weil sich am Ende die Vernunft durchgesetzt hatte. Damit aber war weder der Grundwiderspruch zwischen den Systemen beseitigt noch der Kalte Krieg zu Ende.

Und wenn man heute den Umgang mit dem 13. August und dem untergangenen Sozialismus sowie die innenpolitischen und internationalen Konflikte sieht, kommt man zu dem Schluss, dass beide noch andauern.

** Robert Allertz, Jahrgang 1951, Berlin, Publizist*

Deutsche Grenzen

*Von Gregor Schirmer**

Deutschland hat über die Jahrhunderte viel Land gewonnen und noch mehr wieder verloren. Die Geschichte der häufigen Veränderungen seiner inneren und äußeren Grenzen reicht so weit zurück wie die der deutschen Nation selbst, also bis zum Zerfall des Karolingischen Reichs in Ost- und Westfranken.[1] Es ist vor allem eine Geschichte von Kriegen, Annexionen, Friedensverträgen und Vertragsbrüchen. Am Ende stand 1945 die Vernichtung des deutschen Faschismus durch den Sieg der Antihitlerkoalition mit den bekannten territorialen Konsequenzen, die 1990 im Zwei-plus-Vier-Vertrag als endgültig festgeschrieben sind.

Brecht hat in seiner »Kinderhymne« gedichtet: »Und nicht über und nicht unter / Andern Völkern wolln wir sein. / Von der See bis zu den Alpen / Von der Oder bis zum Rhein.« Das klingt anders als Hoffmann von Fallerslebens aggressiv-nationalistische Helgoländer Eingebung aus dem Jahre 1841: »Von der Maas bis an die Memel / Von der Etsch bis an den Belt / Deutschland, Deutschland über alles / Über alles in der Welt.«

Die meisten Kriege endeten mit einer Verkleinerung des Territoriums des Heiligen Römischen Reiches Deutscher Nation. Je nach Machtinteressen und den jeweiligen Möglichkeiten, diese durchzusetzen, änderten sich Deutschlands Grenzen. Das *sacrum imperium*, das bis nach Italien reichte und Teile Frankreichs, die heutigen Benelux-Länder, Österreich, Böhmen/Mähren und (formell bis zum Westfälischen Frieden 1648) die Schweizer Eidgenossenschaft einschloss, endete unter den Schlägen Napoleons.

Der Wiener Kongress 1815 leitete eine spätfeudale Reaktion ein, hielt die Zersplitterung Deutschlands aufrecht und beschloss zahlreiche territoriale Verschiebungen zwischen den vielen deutschen Einzelstaaten vor allem zugunsten Preußens und Österreichs.[2] Der Deutsche Bund von 1815 war im Vergleich zu dem unheiligen Reich Deutscher Nation zusammengestutzt worden. Die noch nicht geeinten Staaten Italiens gehörten wie Belgien, Luxemburg und die Niederlande nicht mehr dazu, Österreich nur noch formal. Böhmen und Mähren, Schlesien, Ostpommern, Ostpreußen und im Westen die Rheinprovinz bildeten (noch) den Deutschen Bund.

Nach dem Krieg zwischen Preußen und Österreich 1866 kam es zur »kleindeutschen« Lösung ohne Österreich. Dieser »kleindeutsche« Nationalstaat von 1871 konnte seinen Sieg gegen Frankreich mit der Annexion Elsass-Lothringens krönen.

Der von Deutschland mitverschuldete und verlorene Erste Weltkrieg brachte jedoch wieder erhebliche Gebietsverluste und Grenzverschiebungen mit sich. Sie wurden in den Artikeln 27 bis 30 des Friedensvertrags von Versailles vom 28. Juni 1919[3] festgeschrieben. Nur die Grenzen gegenüber der Schweiz, Luxemburg und den Niederlanden blieben so, wie sie waren. Elsass-Lothringen ging an Frankreich zurück. Das Saargebiet wurde dem Völkerbund unterstellt. Belgien erhielt Eupen-Malmedy und Moresnet. Nordschleswig kam nach einer Volksabstimmung zu Dänemark. Dem wieder begründeten Staat Polen wurden große Teile Westpreußens, Posen, ein Teil Oberschlesiens und ein paar kleinere Gebiete zugesprochen. Danzig mit Umgebung wurde Freie Stadt unter Regie des Völkerbunds bei Zollunion mit Polen und außenpolitischer Vertretung durch Polen.

Das Memelland kam 1924 unter litauische Staatshoheit. Die neu konstituierte Tschechoslowakei erhielt von Deutschland das »Hultschiner Ländchen«.

Deutschland verlor 13 Prozent seines Vorkriegsterritoriums. Diese Verluste waren einer jener Punkte, die es den politischen Kräften der Weimarer Republik möglich machten, die Versailler Regelungen als ungerecht, schändlich und revisionsbedürftig zu bekämpfen.

1925 bestätigte Deutschland im Rahmen des Vertragspakets von Locarno[4] die Versailler Westgrenzen gegenüber Belgien und Frankreich. In Art. 1 des Vertrags zwischen Deutschland, Belgien, Frankreich, Großbritannien und Italien vom 16. Oktober 1925 hieß es, dass die vier Staaten, »jeder für sich und insgesamt, die Aufrechterhaltung des sich aus den Grenzen zwischen Deutschland und Belgien und zwischen Deutschland und Frankreich ergebenden territorialen Status quo, die Unverletzlichkeit dieser Grenzen, wie sie durch den in Versailles am 28. Juni 1919 unterzeichneten Friedensvertrag oder in dessen Ausführung festgesetzt sind, sowie die Beobachtung der Bestimmungen der Artikel 42 und 43 des bezeichneten Vertrages über die demilitarisierte Zone« garantieren.

Eine ähnliche Garantie gegenüber Polen, der Tschechoslowakei und Österreich wurde in Locarno nicht vereinbart. Das Weimarer Deutschland war bereit, die Abtrennung Elsass-Lothringens und Eupen-Malmedys/Moresnets und sogar die Besetzung des Rheinlands zu schlucken, um seine internationale Isolierung zu überwinden. Die deutschen Grenzen im Osten blieben in der Schwebe: frei für »friedliche« oder gewaltsame Änderungen.

Hitler machte damit blutigen Ernst. Er wollte allerdings weitaus mehr als das alte Reich in den Grenzen von vor Versailles. Seine Ziele waren die gewaltsame Eroberung von »Lebensraum«, vor allem im Osten, die territoriale »Neuordnung« Europas und dazu die Vernichtung der Sowjetunion als »bolschewistischer« Staat, die Versklavung der Slawen als minderwertige Rasse und die Ausrottung der Juden. Dazu mussten zuerst die Grenzen Deutschlands zu seinen Nachbarstaaten fallen.

Es ging noch zu »Friedenszeiten« los. Das »Dritte Reich« holte 1935 auf leichtem Wege die Saar »heim«. Die Saarländer wollten es so. In einer Volksabstimmung, in der es um die Rückkehr nach Deutschland oder den Anschluss an Frankreich oder den Verbleib unter der Völkerbundsverwaltung ging, entschieden sich mehr als 90 Prozent der Teilnehmer für Deutschland und kamen unter die faschistische Diktatur.

Im März 1938 setzte Hitler durch völkerrechtswidrige Annexion den Anschluss Österreichs an das Deutsche Reich durch, bejubelt von vielen Österreichern, darunter Prominente aus Staat, Kirche und Kunst, bestätigt durch Volksabstimmung am 10. April 1938.[5]

Im September 1938 wurden im Gefolge des Münchner Diktats das sogenannte sudetendeutsche Gebiet und weitere tschechische Territorien kassiert. Im März 1938 folgte die gewaltsame Besetzung der »Rest-Tschechei«, wie die Nazis das übrig gebliebene Territorium zwischen ihrem Satellitenstaat namens Slowakei und den schon einverleibten tschechischen Gebieten nannte. Diese Gebiete »gehören« laut Art. 1 des Erlasses des »Führers und Reichskanzlers« vom 16. März 1939[6] »von jetzt zum Gebiet des Großdeutschen Reiches und treten als ›Protektorat Böhmen und Mähren‹ unter dessen Schutz«. Der »Schutz« bestand in einer Terrorherrschaft, die hunderttausende Tschechen, darunter der Mehrheit der tschechischen Juden, Sinti und Roma, das Leben gekostet hat. Der »Reichsprotektor« war Hitler unmittelbar unterstellt.

Eine Woche nach der Annexion Böhmens und Mährens hat Litauen durch den deutsch-litauischen Staatsvertrag vom 22. März 1939 »über die Wiedervereinigung des Memelgebiets mit dem Deutschen Reich«[7] dieses Stück Land zwischen Ostpreußen und Litauen an Hitler verkauft. Es wurde der Provinz Ostpreußen zugeschlagen.

Nach dem Überfall auf Polen am 1. September 1939, mit dem der Zweite Weltkrieg begann, okkupierte Nazi-

Deutschland den Teil Polens, der Hitler nach dem Geheimen Zusatzprotokoll zum deutsch-sowjetischen Nichtangriffsvertrag vom 23. August 1938[8] von Stalin ausgeliefert worden war. Ein Teil des okkupierten polnischen Gebiets wurde sofort ins Deutsche Reich eingegliedert. Die Freie Stadt Danzig und der sogenannte Korridor wurden zum Reichsgau Danzig-Westpreußen. Hitler hatte am Tag des Überfalls auf Polen, also noch am 1. September 1939, ein Gesetz »über die Wiedervereinigung der Freien Stadt Danzig mit dem Deutschen Reich«[9] erlassen.

Aus polnischen Gebieten um Posen und Lodz wurde der Reichsgau Wartheland gezimmert. Das östliche Oberschlesien wurde annektiert. Die polnischen Landkreise Ciechanow und Sudawa wurden Ostpreußen zugeschlagen.

Es wurde errechnet, dass die an Deutschland angeschlossenen polnischen Gebiete doppelt so groß waren wie jene, die 1919 mit dem Versailler Vertrag an das neue Polen abgetreten werden mussten.

Die Reichsgrenze wurden um 150 bis 200 Kilometer nach Osten verschoben.[10]

Auf dem »Rest« des vom faschistischen Deutschland okkupierten Polen errichtete Hitler das sogenannte Generalgouvernement, in dem bald ein mörderisches Terrorregime herrschte. Den Status dieses Generalgouvernements »sauber« definieren zu wollen ist abwegig. Es wurde zwar nicht in das deutsche Staatsgebiet eingegliedert, aber es war ein Territorium *sui generis*, das in kein völkerrechtliches Schema passte, schlimmer als eine rechtlose Kolonie oder feindliche Besatzung.

Dieses »Generalgouvernement« war ein rechtloser Raum gnadenloser Ausbeutung und mörderischer Vernichtung unter absoluter deutscher Willkürherrschaft. Man nannte es ein »Nebenland« des Deutschen Reiches.

Verbrecherisch ausgetobt hat sich dort der deutsche Generalgouverneur Hans Frank, 1946 in Nürnberg wegen

Kriegsverbrechen und Verbrechen gegen die Menschlichkeit zum Tode verurteilt und gehenkt. Von ihm ist eine Rede vom März 1941 überliefert, aus der in aller Klarheit hervorgeht, was aus dem polnischen Generalgouvernement werden sollte: »Der Führer hat mir versprochen, dass das Generalgouvernement in absehbarer Zeit von Juden völlig befreit sein werde. Außerdem ist klar entschieden, dass das Generalgouvernement in Zukunft ein deutscher Lebensbereich sein wird. Wo heute zwölf Millionen Polen wohnen, sollen einmal vier bis fünf Millionen Deutsche wohnen. Das Generalgouvernement muss ein so deutsches Land werden wie das Rheinland [...].«[11]

Im Westen wurde 1940 das durch Versailles an Frankreich verlorene Elsass-Lothringen zurückerobert. Eine offizielle Eingliederung ins Deutsche Reich unterblieb. De facto wurden jedoch beide Gebiete ins Reich eingegliedert und deutscher Zivilverwaltung unterstellt.

Nach der Annexion des neutralen Großherzogtums Luxemburg wurde das ganze Land einer deutschen Zivilverwaltung unterstellt und damit faktisch eingedeutscht. Die belgischen Kantone Eupen-Malmedy und Moresnet wurden sofort nach der Okkupation des neutralen Belgien durch Erlass des »Führers und Reichskanzlers« vom 18. Mai 1940[12] »wieder Bestandteil des Deutschen Reiches«. Kurz vor Torschluss, im Dezember 1944, parallel zur gescheiterten Ardennen-Offensive der Wehrmacht, wurden auf belgischem Territorium die »Reichsgaue« Flandern und Wallonien proklamiert.

Hitlers »Großdeutschland« war mit den geschilderten territorialen Erweiterungen – vorläufig – vollendet. Mit Ausnahme der »Rückkehr« des Saargebiets waren diese Eingliederungen ins Staatsgebiet samt und sonders grobe Verstöße gegen gültige Abkommen. Die Ankläger vor dem Nürnberger Gerichtshof beriefen sich auf nicht weniger als 26 für Deutschland verbindliche völkerrechtliche Verträge und Dokumente, die durch die Überfälle auf andere Staaten gebrochen worden waren.[13] Die Annexionen stellten grobe Verletzungen verbindlicher Prinzipien des Völkerrechts dar, vor allem des Aggressionsverbots und des Prinzips der Souveränität und der territorialen Integrität anderer Staaten. Es waren Verbrechen gegen den Frieden im Sinne des Artikels 6 (a) des Statuts für den Internationalen Militärgerichtshofs von Nürnberg.

Die endgültigen Grenzen Deutschlands

Die Volkskammer der DDR beschloss am 23. August 1990 den »Beitritt der DDR zum Geltungsbereich des Grundgesetzes nach Artikel 23 zum 3. Oktober 1990«.[14]

Die seltsame Formel in Art. 23 GG (alt) »Beitritt zum Geltungsbereich des Grundgesetzes« statt »Beitritt zur Bundesrepublik Deutschland« war eine »logische« Folge der offiziellen westdeutschen Auffassung von der Rechtslage Deutschlands. Nach dieser völkerrechtswidrigen Konstruktion bestand das Deutsche Reich in Gestalt der BRD fort. Die BRD war (und ist) mit dem Deutschen Reich identisch oder teilidentisch. Die DDR war de jure Teil des fortbestehenden Deutschen Reiches, war aber de facto nicht in der Lage, diese Zugehörigkeit wahrzunehmen, weil sie durch sowjetische Besetzung daran gehindert wurde. Die DDR war nach Art. 23 GG (alt) ein anderer Teil Deutschlands, kein souveräner Staat.

Dieser Artikel 23 besagte, dass das Grundgesetz »zunächst im Gebiet« der damaligen Länder Westdeutschlands (ohne Westberlin) gelte, »in anderen Teilen Deutschlands ist es nach deren Beitritt in Kraft zu setzen.«

Die DDR wurde durch Beschluss der Mehrheit ihres eigenen Parlaments über den Gang des Wegs zur Vereinigung über den Artikel 23 von einem souveränen Staat zu einem »anderen Teil Deutschlands« heruntergestuft. Sie hat damit den alten rechtswidrigen und aggressiven

Standpunkt der Bundesrepublik nachträglich übernommen, dass die DDR *kein Staat* im Sinne des Völkerrechts sei, und somit auf eine gleichberechtigte Vereinigung zweier Staaten unter Anwendung des Völkerrechts verzichtet. Auch der staatsrechtliche Weg der Vereinigung nach Artikel 146 GG wurde ausgeschlagen.

Wie dem auch sei: Mit dem Wirksamwerden des Beschlusses der Volkskammer der DDR war die Deutsche Demokratische Republik als Staat und Völkerrechtssubjekt vom Schauplatz der Geschichte verschwunden. Damit war auch die Grenze zwischen den beiden deutschen Staaten aufgehoben. Sie wurde zur innerdeutschen Grenze zwischen verschiedenen Bundesländern.

Die Außengrenzen der größer gewordenen Bundesrepublik Deutschland sind in Art. 1 des Vertrags über die abschließende Regelung in Bezug auf Deutschland vom 12. September 1990[15], dem sogenannten Zwei-plus-Vier-Vertrag, festgeschrieben. Hoffentlich für eine historisch lange Periode bis zum Verschwinden von Staatsgrenzen überhaupt. Ich zitiere hier diesen wahrhaftigen Grundstein für einen europäischen Frieden im vollen Wortlaut:

»Art. 1 (1) Das vereinte Deutschland wird die Gebiete der Bundesrepublik Deutschland, der Deutschen Demokratischen Republik und ganz Berlins umfassen. Seine Außengrenzen werden die Grenzen der Bundesrepublik Deutschland und der Deutschen Demokratischen Republik sein und werden am Tage des Inkrafttretens dieses Vertrags endgültig sein. Die Bestätigung des endgültigen Charakters der Grenzen des vereinten Deutschlands ist ein wesentlicher Bestandteil der Friedensordnung in Europa.

(2) Das vereinte Deutschland und die Republik Polen bestätigen die zwischen ihnen bestehende Grenze in einem völkerrechtlich verbindlichen Vertrag.

(3) Das vereinte Deutschland hat keinerlei Gebietsansprüche gegen andere Staaten und wird solche auch in Zukunft nicht erheben.

(4) Die Regierungen der Bundesrepublik Deutschland und der Deutschen Demokratischen Republik werden sicherstellen, dass die Verfassung des vereinten Deutschland keinerlei Bestimmungen enthalten wird, die mit diesen Prinzipien unvereinbar sind.

(5) Die Regierungen der Französischen Republik, der Union der Sozialistischen Sowjetrepubliken, des Vereinigten Königreichs von Großbritannien und Nordirland und der Vereinigten Staaten von Amerika nehmen die entsprechenden Verpflichtungen und Erklärungen der Regierungen der Bundesrepublik Deutschland und der Deutschen Demokratischen Republik förmlich entgegen und erklären, dass mit deren Verwirklichung der endgültige Charakter der Grenzen des vereinten Deutschland bestätigt wird.«

Der Artikel ist von geradezu welthistorischer Bedeutung. Er behält diese Bedeutung auch nach dem Wegfall der Grenzkontrollen zwischen Deutschland und seinen Nachbarn. Die deutschen Grenzen sind so, wie sie 1990 bestanden, *endgültig*, ein Wort, das in dem Artikel dreimal vorkommt. Sie werden weder gewaltsam noch durch friedliche Mittel revidiert. In Bezug auf die Ostgrenze gegenüber Polen wird diese Rechtslage durch den deutsch-polnischen Vertrag vom 14. November 1990[16] bestätigt. Art. 3 lautet: »Die Vertragsparteien erklären, dass sie gegeneinander keinerlei Gebietsansprüche haben und solche auch in Zukunft nicht erheben werden.«

Deutschland hat heute Landgrenzen mit neun europäischen Nachbarstaaten. Zählt man die Abgrenzungen des Festlandsockels und der Wirtschafszonen in der Ostsee gegenüber Schweden hinzu, ist die Bundesrepublik Deutschland von zehn Nachbarn »umzingelt«, die uns nichts Böses wollen, auf jeden Fall keine Grenzrevisionen. Nur die mehr als 80 Mal größere Russische Föderation hat mehr Nachbarstaaten als die BRD. Es sind einschließlich der ehemaligen Sowjetrepubliken elf.

Die Grenzfrage in den Vereinbarungen der Siegermächte von Moskau 1943 bis Potsdam 1945

Die Grenzen zwischen den drei westlichen und der östlichen Besatzungszone Deutschlands, die später zur deutsch-deutschen Staatsgrenze werden sollten, sind schon vor dem Ende des Zweiten Weltkriegs festgelegt worden. Sie sind das Ergebnis und die Folge der Verbrechen gegen den Frieden und gegen die Menschenrechte sowie der Kriegsverbrechen, die das faschistische Deutschland begangen und zu verantworten hatte. Die deutsch-deutsche Grenze ist nicht erst 1949 mit der Gründung der beiden deutschen Staaten oder gar erst am 13. August 1961 entstanden. Sie wurde mit den Zonengrenzen durch die Siegermächte vorgeformt.

Vom 19. bis 30. Oktober 1943 fand in Moskau eine Konferenz der Außenminister der UdSSR, der USA und Großbritanniens statt.[17] Die Verhandlungsführer waren Wjatscheslaw Michailowitsch Molotow für die Sowjetunion, Anthony Eaton für Großbritannien und Cordell Hull für die USA. Wichtigstes Thema war die Eröffnung der zweiten Front in Westeuropa, die die Sowjetunion noch für das Jahr 1943 dringlich forderte. Sie hatte bisher die Hauptlast des antifaschistischen Krieges getragen und dafür ungeheure Opfer gebracht. Molotow erhielt jedoch nur die Bestätigung der schon zuvor gegebenen Zusage, dass die Streitkräfte der Westmächte im Frühjahr 1944 – ohne genauen Termin – eine Invasion in Nordfrankreich unternehmen würden.

Das geschah schließlich am 6. Juni 1944.

Die militärische Lage Hitlerdeutschlands war bereits zum Zeitpunkt der Konferenz desaströs. Die Rote Armee hatte die Schlachten um Stalingrad und am Kursker Bogen gewonnen und stand kurz vor der Befreiung des eigenen Territoriums. Die westlichen Alliierten waren in Sizilien und Süditalien gelandet. Mussolini war gestürzt.

Die Niederlage des faschistischen Deutschlands stand fest. Nur Hitler und seine Paladine waren unfähig, das zu begreifen. Es war an der Zeit, dass sich die Alliierten Gedanken machten und Vereinbarungen trafen, was mit Deutschland nach dem Sieg geschehen sollte. Dazu fand zwischen den Außenministern in Moskau ein Gedankenaustausch statt, in dem erwogen wurde, Deutschland in einzelne Staaten aufzuteilen. Entschieden aber wurde nichts.

Die Außenminister beschlossen im Auftrag ihrer Regierungen, eine Europäische Konsultativkommission einzusetzen, die – gegebenenfalls mit Vertretern anderer Staaten der Antihitlerkoalition – »die mit der Beendigung der Kriegshandlungen zusammenhängenden europäischen Fragen prüfen, die die drei Regierungen ihr zu übertragen für zweckmäßig erachten, und den drei Regierungen zu diesen Fragen gemeinsame Empfehlungen erteilen« sollten.[18]

Die Kommission arbeitete in London bis August 1945. Zu ihren Aufgaben gehörte die Ausarbeitung von Entwürfen für die bedingungslose Kapitulation Deutschlands, für die Aufteilung Deutschlands in Besatzungszonen und für einen Kontrollmechanismus der Siegermächte über Deutschland.

Auf der Konferenz der Großen Drei in Teheran vom 28. November bis 1. Dezember 1943[19] wurden die Gespräche über die Zukunft Deutschlands auf höchster Ebene fortgesetzt.

Roosevelt schlug die Aufteilung Deutschlands in fünf unabhängige Staaten vor. Churchill wollte die »Isolierung Preußens vom übrigen Deutschland« sowie die »Abtrennung der süddeutschen Provinzen« und ihre Eingliederung in eine »Donaukonföderation«. Stalin reagierte skeptisch.[20] Eine Entscheidung wurde jedoch nicht getroffen. Die Londoner Konsultativkommission sollte sich mit den offenen Fragen befassen.

Zwischenzeitlich hatte der sogenannte Morgenthau-Plan vom 2. September 1944 von sich reden gemacht.[21]

Der US-Finanzminister Henry M. Morgenthau hatte in einem Memorandum vorgeschlagen, »Deutschland in ein Land mit vorwiegend agrarischem und ländlichem Charakter [zu] verwandeln« und in zwei unabhängige Staaten im Norden und im Süden zu teilen.

Auf ihrem Treffen in Quebec im September 1944 hatten Churchill und Roosevelt den Plan schon parafiert, ihn dann aber wieder fallen lassen.

Jalta

Vom 4. bis 11. Februar 1945 trafen sich die Regierungschefs der Siegermächte in Jalta[22] zu einer für Europa und Deutschland schicksalsschweren Konferenz. Inzwischen war der Zweite Weltkrieg in Europa militärisch endgültig entschieden. Die Sowjetarmee stand mitten in Polen. Das deutsche Vernichtungslager Auschwitz war am 31. Januar von der Sowjetarmee befreit worden. Die westlichen Alliierten hatten fast ganz Frankreich befreit. Es war dringend erforderlich, das Thema »Deutschland« – drei Monate vor der Vernichtung des Nazi-Regimes und der Befreiung Deutschlands – wieder aufzunehmen.

Die Konferenz einigte sich über die Bestimmungen der bedingungslosen Kapitulation Nazi-Deutschlands und deren zwangsweise Durchsetzung. Sie beschloss die Bildung von drei Besatzungszonen in Deutschland, einer sowjetischen, einer amerikanischen und einer englischen, und lud Frankreich ein, eine vierte Besatzungszone zu übernehmen. Sie einigten sich über die Bildung einer »Zentralen Kontrollkommission mit Sitz in Berlin«, die die oberste Gewalt in Deutschland ausüben sollte. Dazu hatte die Europäische Konsultativkommission Vorschläge erarbeitet.

Der Beschluss von Jalta enthielt den berühmten Satz: »Es ist nicht unser Ziel, das deutsche Volk zu vernichten. Nur wenn der Nazismus und Militarismus ausgerottet sein werden, wird für das deutsche Volk Hoffnung auf ein würdiges Leben und einen Platz in der Völkergemeinschaft bestehen.«[23]

Die bedingungslose Kapitulation sollte nach dem ursprünglichen Entwurf der Europäischen Konsultativkommission auch Bestimmungen über die Nachkriegszeit enthalten. In diesem Zusammenhang kam es wiederum zu einem Meinungsaustausch über eine Aufteilung nicht nur in Besatzungszonen, sondern in selbständige Staaten.[24]

Stalin wollte diese Fragen geklärt wissen. Roosevelt meinte, Stalins Fragen beträfen »einen Dauerzustand«, »doch ergäben sie sich aus der Frage der Besatzungszonen Deutschlands. Vielleicht würden diese Zonen der erste Schritt zur Aufteilung Deutschlands sein.« So der Präsident der USA, Kommendes ahnend.

Churchill wärmte seine Idee von der Trennung Preußens vom übrigen Deutschland wieder auf, hielt aber diese Fragen nicht für entscheidungsreif.

Roosevelt sah »unter den heutigen Bedingungen keinen anderen Ausweg als die Aufteilung. In wie viele Teile? In sechs oder sieben oder weniger? Roosevelt würde sich jetzt nicht entscheiden, zu dieser Frage etwas Bestimmtes zu sagen. Diese Frage müsse untersucht werden. Doch müsse man schon hier, auf der Krim, übereinkommen, ob wir den Deutschen sagen werden, dass Deutschland aufgeteilt wird.«

Stalin gab Churchill recht, »dass gegenwärtig die Aufstellung eines Planes für die Aufteilung Deutschlands schwierig sei. Das stimme. Er schlage auch nicht vor, dass schon jetzt ein konkreter Plan erarbeitet werde, doch müsse die Frage im Prinzip entschieden und in den Bestimmungen der bedingungslosen Kapitulation fixiert werden.«[25]

Am Ende einigte man sich in Jalta, dass der Punkt 20 (A) des Textes der Kapitulationsurkunde eine Änderung durch die Hinzufügung der Wörter »und Aufteilung Deutschlands« erfahren und nunmehr lauten sollte: »Das Vereinigte Königreich, die Vereinigten Staaten von Amerika und die Union der Sozialistischen Sowjetrepubliken werden gegenüber Deutschland die oberste Gewalt besitzen. Bei der Ausübung dieser Gewalt werden sie solche Maßnahmen, einschließlich der vollständigen Entwaffnung, Entmilitarisierung und Aufteilung Deutschlands, ergreifen, die sie für den künftigen Frieden und die Sicherheit für notwendig erachten.«

Eine Kommission sollte »die Frage der Aufteilung Deutschlands«[26] studieren.

Die endgültige und unterzeichnete Kapitulationsurkunde blieb dann doch im Bereich militärischer Angelegenheiten und enthielt, außer dem Vorbehalt, dass nichts präjudiziert sei, keine Aussagen über zukünftige Maßnahmen in Bezug auf Deutschland. Das geschah erst in der »Erklärung in Anbetracht der Niederlage Deutschlands und der Übernahme der Regierungsgewalt durch die Regierungen des Vereinigten Königreichs, der Vereinigten Staaten von Amerika und der Union der Sozialistischen Sowjet-Republiken und durch die Provisorische Regierung der Französischen Republik« vom 5. Juni 1945.[27]

Die Grundsatz-Einigung über die Aufteilung Deutschlands taucht dort nicht mehr auf. Die Sowjetunion hatte sich schon zu Beginn der Arbeit der Kommission von dem Aufteilungsplan distanziert.[28]

Aufteilung in Besatzungszonen

In der Erklärung vom 5. Juni 1945 hieß es: Die vier Regierungen »übernehmen hiermit die oberste Regierungsgewalt in Deutschland, einschließlich aller Befugnisse der deutschen Regierung, des Oberkommandos der Wehrmacht und der Regierungen, Verwaltungen oder Behörden der Länder, Städte und Gemeinden. Die Übernahme zu den bevorstehenden Zwecken der besagten Regierungsgewalt und Befugnisse bewirkt nicht die Annektierung Deutschlands«. Die Regierungen »werden später die Grenzen Deutschlands oder irgendeines Teiles Deutschlands und die rechtliche Stellung Deutschlands oder irgendeines Gebietes, das gegenwärtig einen Teil deutschen Gebietes bildet, festlegen«.

Der Erklärung war von einer »Feststellung« über die Besatzungszonen[29] begleitet, die auf dem Protokoll über die Besatzungszonen in Deutschland und die Verwaltung von Groß-Berlin vom 12. September 1944[30] beruhte. Dieses Protokoll war von der Europäischen Konsultativkommission in London ausgearbeitet worden und kann als Geburtsurkunde der deutsch-deutschen Grenze gelten, daher soll es genauer betrachtet werden. Es wurde am 5. Dezember 1944 von Großbritannien, am 1. Februar 1945 von den Vereinigten Staaten und am 6. Februar 1945 von der Sowjetunion gebilligt. Nach Ziffer 6 trat es mit der Unterzeichnung der bedingungslosen Kapitulation durch Deutschland, also am 8. Mai 1945 in Kraft. Nachdem Frankreich in Jalta eine Besatzungszone zugeteilt worden war, wurde das Protokoll durch die Kommission entsprechend ergänzt. Die endgültige Fassung trat am 26. Juli 1945, also während der Potsdamer Konferenz in Kraft.

Ziffer 1 des Protokolls lautete: »Deutschland wird innerhalb seiner Grenzen, wie sie am 31. Dezember 1937 bestanden, zum Zwecke der Besetzung in vier Zonen eingeteilt, von denen je eine einer der vier Mächte zugewiesen wird, und ein besonderes Berliner Gebiet, das der gemeinsamen Besatzungshoheit der vier Mächte unterworfen wird.«

In Ziffer 2 wurde der Grenzverlauf zwischen den vier Zonen festgelegt und durch beigefügte Karten beschrieben. Die Ostgrenze der von den Streitkräften der UdSSR besetzten Zone wurde als das Gebiet Deutschlands bezeichnet, »das östlich der Linie liegt, die ihren Anfang an dem Punkt in der Bucht von Lübeck nimmt, an dem die Grenzen von Schleswig-Holstein und Mecklenburg zusammentreffen, entlang der Westgrenze von Mecklenburg zur Grenze der Provinz Hannover verläuft und weiter entlang der Ostgrenze von Hannover zur Grenze von Braunschweig, entlang der Westgrenze der preußischen Provinz Sachsen zur Westgrenze Anhalts, entlang der Westgrenze Anhalts, entlang der Westgrenze der preußischen Provinz Sachsen und der Westgrenze Thüringens, bis diese auf die Grenze Bayerns stößt und dann entlang der Nordgrenze Bayerns bis zur Grenze der Tschechoslowakei vom Jahr 1937 führt.«

Das ist eine Beschreibung der östlichen Grenzen der Länder Sachsen, Thüringen, Sachsen-Anhalt, Brandenburg und Mecklenburg-Vorpommern, also der späteren DDR. Ob der genaue Verlauf der Flussgrenze in dem 93,7 km langen Stück Oder zwischen Ost und West in der Flussmitte oder am Ostufer verläuft, war Streitgegenstand zwischen der sowjetischen und der englischen Besatzungsmacht und dann zwischen der DDR und der BRD.[31]

Die »Provinz Ostpreußen« wurde der »Ostzone« zugeschrieben. Die Westgrenze Polens blieb noch offen. Das entsprach dem damaligen Stand des Streits der drei Siegermächte über die Polenfrage.

Wenig bekannt ist, dass die Ost-West-Grenze 1945 zweimal geringfügig geändert worden ist. Mit einem Vertrag vom 17. September 1945[32] wurden ein paar Dörfer an der Grenze zwischen Hessen und Thüringen ausgetauscht, weil die Bahnstrecke zwischen der amerikanischen Besatzungszone und der amerikanischen Exklave in Bremerhaven, die den Amerikanern im Protokoll zugesichert worden war, einige Kilometer durch die sowjetische Besatzungszone verlief.

Am 13. November 1945[33] wurde ferner ein Vertrag über einen Gebietstausch zwischen der englischen und der sowjetischen Besatzungszone im Raum Ratzeburg abgeschlossen. Das lag im Interesse des englischen Zonenkommandos. In beiden Fällen waren die Verhandlungs- und Vertragsparteien die militärischen Vertreter der Oberbefehlshaber der Streitkräfte in den jeweiligen Zonen.

Berlin wurde laut Protokoll einer »Sonderform der Besatzung« unterstellt und »in vier Teile eingeteilt«. Die Grenzen um und in dem »Gebiet Berlin« wurden genau beschrieben: »Nordöstlicher Teil Groß-Berlins (Bezirke Pankow, Prenzlauer Berg, Mitte, Weißensee, Friedrichshain, Lichtenberg, Treptow, Köpenick) wird besetzt von den Streitkräften der UdSSR.«

Nach Ziffer 5 des Protokolls wurde eine »interalliierte Regierungsbehörde [Alliierte Kommandantur], bestehend aus vier von ihren entsprechenden Oberbefehlshabern ernannten Kommandanten, [...] zur gemeinsamen Leitung der Verwaltung des Gebietes Groß-Berlin errichtet«. Damit war auch die Grenze zwischen den Westsektoren einerseits und dem Ostsektor sowie der sowjetischen Besatzungszone andererseits festgelegt.

Im Vorgriff merke ich an: An der Berliner Ost-West-Grenze wurden in Realisierung des Vier-Mächte-Abkommens über Berlin vom 3. September 1971 zwischen den Regierungen Frankreichs, der UdSSR, Großbritanniens und den USA Gebiete ausgetauscht.[34] In Ziffer II, Buchstabe C des Abkommens war festgelegt: »Die Probleme der kleinen Enklaven einschließlich Steinstückens und anderer kleiner Gebiete können durch Gebietsaustausch gelöst werden.«

Die Vereinbarung der Einzelheiten wurde den »zuständigen deutschen Behörden« übertragen.

Das geschah durch eine Vereinbarung zwischen dem Westberliner Senat und der Regierung der DDR vom 20. Dezember 1971 und betraf 32,7 Hektar Land. Was die

Westsektoren Berlins betrifft, wurde ein Beschluss der Alliierten Kommandantur für nötig gehalten und am 3. Juni 1972 auch gefasst. Ich erinnere an diese Vorgänge, weil sie zeigen, dass Veränderungen der Grenzen zwischen den Westsektoren und der DDR einschließlich Ostberlin als der Entscheidungshoheit der vier Mächte unterliegend betrachtet wurden.

Doch zurück in die Zeit der Beendigung des Zweiten Weltkriegs. Zur Feststellung über die Besatzungszonen kam die Feststellung über das Kontrollverfahren in Deutschland vom 5. Juni 1945.[35]

Sie beruhte auf dem Abkommen über Kontrolleinrichtungen in Deutschland vom 14. November 1944[36], ebenfalls ausgearbeitet und angenommen von der Europäischen Konsultativkommission in London. In Ziffer 1 der Feststellung hieß es: »Während der Zeit, in der Deutschland die sich aus der bedingungslosen Kapitulation ergebenden grundlegenden Forderungen erfüllt, wird in Deutschland die oberste Gewalt von den Oberbefehlshabern Großbritanniens, der Vereinigten Staaten, Sowjetrusslands und Frankreichs auf Anweisung ihrer Regierungen ausgeübt, von jedem in seiner eigenen Besatzungszone und gemeinsam in allen Deutschland als ein Ganzes betreffenden Angelegenheiten. Die vier Oberbefehlshaber bilden zusammen den Kontrollrat.«

Nach Ziffer 2 sollte der Kontrollrat für »eine angemessene Einheitlichkeit des Vorgehens der einzelnen Oberbefehlshaber in ihren entsprechenden Besatzungszonen« Sorge tragen und »im gegenseitigen Einvernehmen Entscheidungen über alle Deutschland als Ganzes betreffenden wesentlichen Fragen« treffen.

Nach Ziffer 7 wurde die »Verwaltung des Gebiets von Groß-Berlin« von der Alliierten Kommandantur geleitet, die ihrerseits unter der Leitung des Kontrollrats arbeitete.

Auf der Potsdamer Konferenz vom 17. Juni bis 2. August 1945[37] war von einer Zerstückelung Deutschlands in einige selbständige Staaten nicht mehr die Rede. Die Großen Drei hatten sich inzwischen davon überzeugen lassen, dass dies nicht ihren eigenen, nicht zuletzt ökonomischen Interessen entsprach.

Die Debatte zwischen den Großen Drei handelte vor allem davon, was Deutschland praktisch und rechtlich sei. Ich gebe den Wortlaut nach der sowjetischen Niederschrift über die zweite Sitzung der Regierungschefs Churchill, Stalin und Truman wieder:

Churchill: Ich möchte nur eine Frage stellen. Ich bemerke, dass hier das Wort »Deutschland« gebraucht wird. Was bedeutet jetzt »Deutschland«? Kann man es in dem Sinne auffassen, wie es vor dem Krieg war?

Truman: Wie fasst die sowjetische Delegation diese Frage auf?

Stalin: Deutschland ist das, was es nach dem Kriege geworden ist. Ein anderes Deutschland gibt es heute nicht. So verstehe ich diese Frage.

Truman: Kann man von Deutschland sprechen, wie es vor dem Kriege im Jahre 1937 war?

Stalin: Wie es im Jahre 1945 ist.

Truman: Es hat im Jahre 1945 alles verloren. Deutschland besteht heute faktisch nicht.

Stalin: Deutschland ist, wie man bei uns sagt, ein geografischer Begriff. Fassen wir es erst mal so auf. Man kann nicht von den Ereignissen des Krieges abstrahieren.

Truman: Ja, aber es muss irgendeine Bestimmung des Begriffes »Deutschland« gegeben werden. Ich meine, Deutschland von 1886 oder 1937, das ist nicht das Deutschland von heute.

Stalin: Es hat sich im Ergebnis des Krieges verändert, und so fassen wir es auf.

Truman: Ich bin damit völlig einverstanden, aber dennoch muss irgendeine Bestimmung des Begriffs »Deutschland« gegeben werden.

Stalin: Würde man beispielsweise daran denken, eine deutsche Verwaltung im Sudetenteil der Tschechoslowakei zu errichten? Das ist das Gebiet, aus dem die Deutschen die Tschechen vertrieben haben.

Truman: Vielleicht wollen wir doch von Deutschland sprechen, wie es vor dem Krieg im Jahre 1937 war?

Stalin: Formal kann man es so auffassen, dem Wesen der Sache nach ist es nicht so. Sollte in Königsberg eine deutsche Verwaltung auftauchen, so werden wir sie davonjagen. Unbedingt davonjagen.

Truman: Auf der Krim-Konferenz wurde vereinbart, territoriale Fragen auf der Friedenskonferenz zu entscheiden. Wie wollen wir den Begriff »Deutschland« bestimmen?

Stalin: Lasst uns die Westgrenzen Polens bestimmen, dann wird die Frage über Deutschland klarer. Es fällt mir sehr schwer zu sagen, was jetzt Deutschland ist. Das ist ein Land, das keine Regierung hat, das keine bestimmten Grenzen hat, da die Grenzen nicht von unseren Truppen festgelegt werden, auch keine Grenztruppen, es ist aufgeteilt in Besatzungszonen. Und nun bestimmen Sie, was Deutschland ist. Es ist ein zerschlagenes Land.

Truman: Vielleicht nehmen wir als Ausgangspunkt die Grenzen Deutschlands von 1937?

Stalin: Ausgehen kann man von allem, von irgendetwas muss man ausgehen. In diesem Sinne kann man auch das Jahr 1937 nehmen.

Truman: Das war Deutschland nach dem Versailler Vertrag.

Stalin: Ja, man kann Deutschland von 1937 nehmen, aber nur als Ausgangspunkt. Das ist einfach eine Arbeitshypothese, um unsere Arbeit zu erleichtern.

Churchill: Nur als Ausgangspunkt. Das bedeutet nicht, dass wir uns darauf beschränken.

Truman: Wir sind einverstanden, Deutschland von 1937 als Ausgangspunkt zu nehmen.[38]

Deutschland vom 31. Dezember 1937 als »Ausgangspunkt« bedeutete, dass alle territorialen Annexionen Hitlerdeutschlands seit dem 1. Januar 1938 null und nichtig waren. Deutschland war zunächst auf den Gebietsstand zurückgestutzt, der im Versailler Vertrag festgelegt worden war. Die Abtrennung tschechoslowakischen Territoriums durch das Münchener Abkommen 1938 und die Errichtung des deutschen Protektorats Böhmen und Mähren nach der Vernichtung der Tschechoslowakei 1939 waren hinfällig. Österreich gehörte nicht mehr zum »Deutschen Reich«, sondern war ein selbständiger Staat.

Schon auf der Moskauer Außenministerkonferenz 1943 war der »Anschluss, der Österreich durch Deutschland am 15. März 1938 aufgezwungen wurde, als null und nichtig« erklärt worden.[39] Ein erneuter Anschluss an Deutschland sollte später durch Art. 4 des Österreichischen Staatsvertrags von 1955 ausdrücklich verboten werden.

Elsass-Lothringen gehörten wieder zu Frankreich. Luxemburg wurde in seinen alten Grenzen wiederhergestellt. Eupen-Malmedy und Moresnet kamen erneut zu Belgien.

Bezüglich der Ostgrenzen war klar, dass das Memelgebiet zum sowjetischen Litauen gehört. Die Zugehörigkeit der ehemals Freien Stadt Danzig zu Polen war gleichfalls entschieden.

Faktisch entschieden, aber juristisch nicht endgültig geregelt war in Potsdam die Festlegung der deutsch-polnischen Grenze an Oder und Neiße. Die Siegermächte waren sich schon auf der Konferenz in Jalta einig, dass »die Ostgrenze Polens entlang der Curzon-Linie[40] verlaufen« soll und »dass Polen einen beträchtlichen Gebietszuwachs im Norden und Westen erhalten muss«.[41]

In Potsdam wurde ein Abkommen erzielt, wonach »bis zur endgültigen Festlegung der Westgrenze Polens die früher deutschen Gebiete östlich der Linie, die von der Ostsee unmittelbar westlich von Swinemünde und von dort entlang der Oder bis zur Einmündung der westlichen Neiße und die westliche Neiße entlang bis zur tschechoslowakischen Grenze verläuft, einschließlich des Teiles Ostpreußens, der nicht unter die Verwaltung der Union der Sozialistischen Sowjetrepubliken in Übereinstimmung mit den auf dieser Konferenz erzielten Vereinbarungen gestellt wird, und einschließlich des Gebietes der früheren Freien Stadt Danzig, unter die Verwaltung des polnischen Staates kommen und in dieser Hinsicht nicht als Teil der sowjetischen Besatzungszone betrachtet werden sollen«.[42]

Zu Königsberg und Umgebung enthielt das Potsdamer Abkommen die »grundsätzliche« Zustimmung zur »endgültigen Übergabe« an die Sowjetunion und die Verpflichtung der USA und Großbritanniens, dies bei der Friedensregelung zu unterstützen.[43] Doch zu einer Friedensregelung kam es nicht und damit auch nicht zu friedensvertraglichen Grenzregelungen. Nicht einmal Verhandlungen darüber kamen zustande.

Polen und die Sowjetunion übten ihre staatliche Souveränität über die ehemaligen deutschen Ostgebiete aus. Aus der Vorläufigkeit wurde Endgültigkeit, die mit dem Zwei-plus-Vier-Vertrag von 1990 besiegelt wurde.

Die Saarfrage

An der Westgrenze Deutschlands entstand bald ein in Potsdam noch nicht absehbares Grenzproblem. Frankreich nutzte seine Stellung als Besatzungsmacht, um das kohlereiche Saargebiet peu á peu und ohne Vier-Mächte-Vereinbarung von Deutschland abzuspalten und zumindest wirtschafts- und währungspolitisch an Frankreich anzuschließen. Das geschah unter Mitwirkung separatistischer Kräfte des Saarlands und mit Duldung oder

Schützenhilfe Adenauers. Am 22. Dezember 1946 löste Frankreich das Saarland aus seiner Besatzungszone heraus, schloss dessen Grenze gegenüber »Deutschland in den Grenzen von 1937«[44] und entzog es der Hoheitsgewalt des Alliierten Kontrollrats.

Der Protest der Sowjetunion hielt sich in Grenzen. Das mag einer diplomatischen Anwendung der Maxime »Was dem einen (Frankreich im Westen) recht, ist dem andern (Sowjetunion und Polen im Osten) billig« geschuldet gewesen sein.

In der Verfassung des Saarlands vom 17. September 1947, die vom französischen Zonenbefehlshaber befohlen und genehmigt worden war, wurde »der wirtschaftliche Anschluss« und »die politische Unabhängigkeit des Saarlandes vom Deutschen Reich« proklamiert. Der saarländische Landtag war dementsprechend an der Vorbereitung und Verabschiedung des westdeutschen Grundgesetzes nicht beteiligt.

Ein Vorgriff: Als Kompromiss im Machtpoker um das Saargebiet zwischen Deutschland und Frankreich kam das Saarstatut vom 23. Oktober 1954 zustande, durch welches das Saarland durch Unterstellung unter einen Kommissar der Westeuropäischen Union »europäisiert« werden sollte. Das Unternehmen ging schief. In einer Volksabstimmung am 23. Oktober 1957 entschieden sich die Saarländer für eine Rückkehr in die Bundesrepublik Deutschland. Ein Erfolg hätte die deutsche Westgrenze beträchtlich verändert.

Entscheidungen der Großen Drei

Die Debatten der Großen Drei in Teheran, Jalta und Potsdam und die Abkommen der Vier zeigen, dass sie, und nur sie, sich für die Festlegung des territorialen Status Deutschlands verantwortlich hielten. Über Grenzen innerhalb Deutschlands und um Deutschland herum entschieden sie – und nur sie. Das galt bis zur Gründung der zwei deutschen Staaten absolut und danach mit Einschränkungen weiter.

Es entsprach auch den Realitäten nach dem Sieg und war vom völkerrechtlichen Prinzip der Verantwortlichkeit für das Verbrechen des Zweiten Weltkriegs gedeckt. Grenzfragen waren »Angelegenheiten«, die »Deutschland als ein Ganzes« betrafen und für die die vier Mächte »gemeinsam« zuständig waren.[45]

Festlegungen der deutschen Grenzen fußten also auf Entscheidungen der Besatzungsmächte. Meinungsverschiedenheiten über deutsche Grenzen waren in erster Linie Streitfragen zwischen den Besatzungsmächten.

Die Potsdamer Konferenz hatte beschlossen, dass »die Behandlung der deutschen Bevölkerung in ganz Deutschland gleich sein« soll, soweit dies praktisch durchführbar sei. Deutschland sollte während der Besatzungszeit als »wirtschaftliche Einheit« betrachtet werden. Das deutsche Wirtschaftsleben sei »zu dezentralisieren mit dem Ziel der Vernichtung der bestehenden übermäßigen Konzentration der Wirtschaftskraft, dargestellt insbesondere durch Kartelle, Syndikate, Trusts und andere Monopolvereinigungen«. Aber der Alliierte Kontrollrat beschloss – mit Ausnahme der Konfiskation des Vermögens der IG Farben[46] – nichts dergleichen, und die westlichen Zonenbefehlshaber verhinderten die Umwandlung des privaten Großeigentums in Gemeineigentum. Auf politischem Gebiet sah das Potsdamer Abkommen vor, Deutschland völlig abzurüsten und zu entmilitarisieren. Die Nazis und ihre Ideologie sollten vernichtet werden, »es sind Sicherheiten dafür zu schaffen, dass sie in keiner Form wieder auferstehen können; jeder nazistischen und militaristischen Betätigung und Propaganda ist vorzubeugen«. Das deutsche politische Leben sollte auf demokratischer Grundlage umgestaltet werden.

Eine gesamtdeutsche Entwicklung auf der Grundlage des Potsdamer Abkommens fand nicht statt. Die Westzonen und die Ostzone gingen von Anfang an unter ihrem jeweiligen Besatzungsregime und gestützt auf gegensätzliche politische Kräfte unterschiedliche und unvereinbare politische, wirtschaftliche und kulturelle Wege. Die Zonengrenze Ost-West entlang der Süd- und Ostgrenzen der Länder Sachsen, Thüringen, Sachsen-Anhalt, Brandenburg und Mecklenburg-Vorpommern war von anderer Qualität als beispielsweise die Grenze zwischen Hessen und Niedersachsen.

Die Westmächte wollten ihre Zonen auf ihren kapitalistischen Weg bringen und als antikommunistisches Bollwerk im beginnenden Kalten Krieg installieren. Dem stand das Potsdamer Abkommen im Wege, das deshalb gebrochen wurde.

Die Sowjetunion etablierte im Osten eine antifaschistisch-demokratische Ordnung, die ihren Vorstellungen entsprach und das Potsdamer Abkommen auf ihrer Seite hatte. Die Grenze zwischen der Ostzone und den drei Westzonen war von Anfang an eine Trennlinie zwischen zwei entgegengesetzten gesellschaftlichen Entwicklungen.

Das Potsdamer Abkommen führte offiziell zwei unterschiedliche Reparationsgebiete Ost und West und damit eine Grenzlinie besonderer Art ein. Das deutsche Volk hatte gerechterweise an die unterdrückten Völker Reparationsleistungen zu erbringen. In Potsdam wurde festgelegt, dass die Reparationsansprüche nach dem Ost-West-Prinzip erfüllt werden sollten. Aus der sowjetischen Zone sollten vor allem die Reparationen für die UdSSR und Polen und aus den Westzonen die für die USA, Großbritannien und die anderen berechtigten Länder entnommen werden.[47]

Die deutsch-deutsche Grenze war darum auch eine Wiedergutmachungsgrenze zu Lasten der Ostzone und der DDR, bis ihr 1954 die Reparationsschulden von der Sowjetunion erlassen wurden.

Bis zur Gründung der zwei deutschen Staaten 1949, also in der Zeit direkter und umfassender Besatzungsherrschaft, vertieften sich Schritt für Schritt die Gegensätze, die den Charakter der Ost-Westgrenze als Grenze innerhalb Deutschlands de facto und de jure aufhoben. Noch unter den Besatzungsregimes wurde die Grenze von beiden Seiten zunehmend als Trennlinie zwischen Feinden betrachtet und dementsprechend verfestigt. Der Kalte Krieg breitete sich aus. Er hatte in Deutschland sowohl Ursachen als auch Folgen. Dazu einige Schlaglichter und Schnittstellen, die den Charakter der Grenzen stark beeinflussten.

Ich lege dabei großen Wert auf die Chronologie. Warum? Weil die Abfolge der Handlungen oft durcheinandergebracht oder verschwiegen wird. Sie beweist nämlich, dass die Urheberschaft für Spaltung und Grenzverfestigung bei den USA und Großbritannien liegt. Frankreich schloss sich an.

Die Sowjetunion unter Stalin hingegen wollte im eigenen Interesse diese Spaltung verhindern.

Ein tiefer Einschnitt erfolgte mit der Gründung der Bizone am 1. Januar 1947. Am 29. Mai 1947 wurde auf Anordnung der amerikanischen und britischen Besatzungsmächte ein Wirtschaftsrat für die Bizone gegründet.

Die sowjetische Besatzungsmacht zog mit Befehl vom 11. Juni 1947 nach: In ihrer Zone gründete sie eine Deutsche Wirtschaftskommission. Damit trat die Spaltung Deutschlands in ihre erste Phase.

In der Bi- und in der sowjetischen Zone bestanden nun unter anderem wirtschaftspolitische deutsche Behörden, die sich unter der Regie der jeweiligen Besatzungsmächte diametral entwickelten. Die Zonengrenze wurde zu einer Grenze zwischen entgegengesetzten gesellschaftlichen Systemen.

Im Jahr 1948 wurde der Kalte Krieg bis aufs Äußerste verschärft. Das brachte Schlag auf Schlag Ereignisse und Entscheidungen, die den Charakter der Demarkationslinie weiter veränderten. Die Westmächte begannen, ihre Zonen von dem »Deutschland in den Grenzen von 1937« abzuspalten und ihren Teil in ein antikommunistisches Bündnis einzugliedern. Die Vorgänge dieses Jahres zeigen wiederum, wer über Grenzfragen in Deutschland bestimmte: die Besatzungsmächte.

Einschneidend war die Londoner Konferenz von sechs Weststaaten. Neben den Siegermächten USA, Frankreich und Großbritannien nahmen auch die Benelux-Staaten daran teil. Die Konferenz tagte vom 23. Februar bis zum 2. Juni 1948 in zwei Abschnitten. Unterdessen schlossen sich die drei Westmächte am 17. März 1948 mit den Benelux-Staaten zur Westeuropäischen Union zusammen.[48]

Das war nach offizieller Version ein Militärbündnis, das vorgab, neuerlichen deutschen Aggressionen vorzubeugen. Deutschland sollte in die westliche Staatengemeinschaft eingegliedert werden. Tatsächlich war diese WEU als Speerspitze gegen die Sowjetunion gedacht. Damit standen an der Grenze zwischen der Bizone und der sowjetischen Besatzungszone erstmals sowjetische Soldaten den Streitkräften eines westlichen Bündnisses feindlich gegenüber.

Übrigens wurden kurz vor Gründung der Bundesrepublik, nämlich am 22. März 1949, noch Grenzänderungen kraft Besatzungshoheit zugunsten der Benelux-Staaten vorgenommen. Das entsprechende Protokoll »sah Grenzberichtigungen zu Lasten Deutschlands im Umfang von etwa 135 km^2 vor, die 13.500 Menschen betrafen. Sie bezogen sich vor allem auf die deutsch-niederländische, die deutsch-belgische und die deutsch-luxemburgische Grenze. An der deutsch-französischen Grenze wurde lediglich ein 6,9 km^2 großes unbewohntes Gebiet, der sogenannte Mundatwald, ausgegliedert«.[49]

In Art. 1 Abs. 1 des Ersten Teils eines sogenannten Überleitungsvertrages von 1952[50] hatte sich die BRD verpflichtet, Rechtsvorschriften aus der Besatzungszeit über vorläufige Grenzen »nur mit Zustimmung der Drei Mächte« zu ändern oder aufzuheben.

Die Sowjetunion wurde zu der Londoner Konferenz gar nicht erst eingeladen. Die Konferenz war ein westliches Unternehmen zur Spaltung Deutschlands und damit zur Verfestigung der deutsch-deutschen Grenze.

Die Westzonen wurden in den am 3. April verkündeten Marshall-Plan einbezogen. Im Ergebnis der Konferenz wurden den Ministerpräsidenten der westdeutschen Länder am 1. Juni 1948 die sogenannten Frankfurter Dokumente[51] übergeben, die den Auftrag enthielten, eine »Verfassunggebende Versammlung« zu bilden, die eine »demokratische Verfassung« ausarbeiten sollte.[52]

In der sowjetischen Besatzungszone war schon 1946 ein von der SED vorgelegter gesamtdeutsch gedachter Verfassungsentwurf verbreitet und diskutiert worden, der später und nach weiteren Veränderungen, im Nachgang zur Inkraftsetzung des Grundgesetzes, von der Provisorischen Volkskammer als Verfassung der Deutschen Demokratischen Republik angenommen wurde.

Währungsgrenze

Kurz nach der Londoner Konferenz erfolgte am 21. Juni 1948 in den Westzonen und in Westberlin unangekündigt eine Währungsreform. Das war die Geburtsstunde der D-Mark. Am 23. Juni wurde sie auch in Westberlin eingeführt. Das musste zwangsläufig und kurzfristig eine Währungsreform in der Ostzone nach sich ziegen. Sie erfolgte zwischen dem 24. und 28. Juni 1948. Die Zonengrenze wurde damit auch zu einer »Währungsgrenze« zwischen Ost- und Westdeutschland, zu einer

Grenze zwischen zwei Gebieten mit jeweils eigener Währungshoheit und eigenem Geld, das noch dazu miteinander nicht konvertierbar war. Die Ost-West-Grenze war als »Geldgrenze« konstituiert, was im weiteren Verlauf der Geschichte bis zur Übernahme der D-Mark in der DDR am 1. Juli 1990 eine wichtige Rolle spielen sollte.

Die Sowjetunion reagierte auf die Londoner Konferenz und die Währungsreform im Westen mit aller Härte. Noch während der Konferenz, am 21. März 1948, erklärte der turnusmäßige Vorsitzende des Alliierten Kontrollrats Sokolowski wegen der Weigerung der Westmächte, vor dem Gremium über die Londoner Konferenz zu berichten, »dass es keinen Zweck habe, die heutige Sitzung fortzusetzen, und erklärte sie für geschlossen«.[53]

Seitdem existierte der Kontrollrat faktisch nicht mehr.

Einen Tag nach der Ausdehnung der separaten Währungsreform auf Westberlin errichtete die Sowjetunion am 24. Juni 1948 eine Verkehrsblockade gegen Westberlin,[54] die mit dem Schutz des Wirtschaftslebens der Sowjetzone und Berlins vor Desorganisation begründet wurde. In der Note der Regierung der UdSSR an die Regierungen der Westmächte vom 3. Oktober 1948 hieß es dazu, »das bedeutet, dass, wenn die separate Währungsreform nicht gewesen wäre, die das Vier-Mächte-Abkommen verletzt und die Gefahr der Desorganisation des gesamten Wirtschaftslebens in der Sowjetzone und in Berlin geschaffen hat, auch die oben erwähnten Verkehrsbeschränkungsmaßnahmen nicht nötig gewesen wären, die eine Defensiv-, eine Schutzmaßnahme der Sowjetunion gegen die offensiven Schritte der drei Regierungen darstellen«.[55]

Die Verkehrsblockade wurde durch ein Vier-Mächte-Abkommen vom 4. Mai 1949 und den Befehl Nr. 56 des obersten Chefs der sowjetischen Militäradministration vom 9. Mai 1949 aufgehoben.[56]

Es mag dahingestellt sein, ob die scharfe Reaktion der Sowjetunion gerechtfertigt oder überzogen war. Grundlos war sie jedenfalls nicht. Die Gründung eines separaten deutschen Weststaates lag nicht im strategischen Interesse der Sowjetunion unter Stalin. Und das von den drei Westmächten besetzte Westberlin war ein feindlicher Fremdköper in ihrer Besatzungszone. Westberlin lag nicht irgendwo, sondern im Osten. Die Anwesenheit von Truppen der Westmächte in Westberlin war mit dem Ende des Alliierten Kontrollrats eigentlich hinfällig.

Militärische Trennlinie

Auf militärischem Gebiet brachte das Jahr 1949 eine weitreichende Wende. Im Grunde standen sich die Streitkräfte der UdSSR und der drei Westmächte an der deutsch-deutschen Grenze und in Berlin seit Beginn des Kalten Krieges feindlich gegenüber, also je nach dem, wie man diesen Beginn ansetzt, seit dem Abwurf der Atombomben auf Hiroschima und Nagasaki im August 1945 oder seit der Verkündung der Truman-Doktrin im März 1947[57] oder zwischen diesen Daten. Auf die Gründung der WEU wurde schon hingewiesen.

Mit dem NATO-Pakt vom 4. April 1949[58] wurde die Demarkationslinie noch vor der Gründung der zwei deutschen Staaten offiziell zur militärischen Trennlinie zwischen der Sowjetunion und den Westmächten. Die sowjetischen Streitkräfte und die Streitkräfte der ehemaligen westlichen Alliierten gegen Hitlerdeutschland und nunmehrigen Mitglieder des antisowjetischen Militärbündnisses NATO waren an der deutsch-deutschen und der Westberliner Grenze direkt gegeneinander aufgestellt und zwar vorerst *nur* an dieser Grenze. Die anderen Ost-West-Grenzen in Europa waren damals noch keine Grenzen zwischen den Militärbündnissen. Die Sowjetunion antwortete bekanntlich auf die Gründung der NATO erst sechs Jahre später, am 14. Mai 1955, mit der Gründung des Warschauer Paktes,[59] nachdem der Beitritt der BRD zur NATO zuvor am 6. Mai 1955 in Kraft getreten war.[60]

Damit war die Grenze zwischen der BRD und der DDR zu einer Grenze zwischen den beiden antagonistischen Paktsystemen geworden.

Völkerrechtliche Grenze zwischen zwei Staaten

Mit der Gründung der BRD und der DDR 1949 wurde die ost-westliche Zonen- und die Berliner Sektorengrenze endgültig zu einer völkerrechtlichen Grenze zwischen zwei voneinander unabhängigen deutschen Staaten.[61] Es waren zwei – mit Einschränkungen, auf die ich gleich zurückkommen werde – juristisch souveräne Staaten und Völkerrechtssubjekte, für die in gleicher Weise die Prinzipien des Völkerrechts galten. Auch das Prinzip der Souveränität, eingeschlossen die Achtung der territorialen Unversehrtheit und der Unverletzlichkeit der Grenzen.[62]

Diese gleichberechtigte völkerrechtliche Stellung beider deutscher Staaten wurde durch deren Aufnahme in die UNO 1973 bestätigt. Sie galt aber schon seit der Gründung dieser zwei Staaten. Durch die Grenze wurde jenes Territorium bestimmt, in dem die Hoheitsgewalt des einen Staates galt und nicht die des anderen. Die Geltungsbereiche zweier unabhängiger Rechtsordnungen wurde voneinander abgegrenzt.[63]

Im Wörterbuch des Völkerrechts von Strupp-Schlochauer ist zu lesen: »Aus der dem Staat über sein Territorium zustehenden Gebietshoheit ergibt sich, dass grundsätzlich jeder Staat nach seinem Ermessen bestimmen kann, ob und unter welchen Bedingungen sein Staatsgebiet betreten und verlassen werden kann.«[64]

Der deutsche West-Staat brauchte 23 Jahre, um diese Sach- und Rechtslage wenigstens in Teilen zu akzeptieren. Im Grundlagenvertrag zwischen der BRD und der DDR von 1972[65] hat die BRD den Status der DDR als Staat und Völkerrechtssubjekt mit eigenen Grenzen hingenommen. Nach Art. 1 wurden »normale gutnachbarliche Beziehungen zueinander auf der Grundlage der Gleichberechtigung« angestrebt. In Art. 2 erklärten die zwei deutschen Staaten, sie würden »sich von den Zielen und Prinzipien leiten lassen, die in der Charta der Vereinten Nationen niedergelegt sind, insbesondere der souveränen Gleichheit der Staaten, der Achtung der Unabhängigkeit, Selbständigkeit und territorialen Integrität, dem Selbstbestimmungsrecht, der Wahrung der Menschenrechte und der Nichtdiskriminierung«.

Art. 3 enthielt die Verpflichtung »zur uneingeschränkten Achtung« der »territorialen Integrität«, und Art. 6 postulierte den Grundsatz, »dass die Hoheitsgewalt jedes der beiden Staaten sich auf sein Staatsgebiet beschränkt«.

Die Behauptung des Bundesverfassungsgerichts in seinem Urteil zum Grundlagenvertrag, dass es sich bei der deutsch-deutschen Grenze »um eine staatsrechtliche Grenze handelt ähnlich denen, die zwischen den Ländern der Bundesrepublik Deutschland verlaufen«,[66] ist schlicht völkerrechtswidrig. Zwischen zwei voneinander unabhängigen Staaten bestehen keine staatsrechtlichen Grenzen, sondern völkerrechtliche.

Das Souveränitätsdefizit

Von ihrer Gründung bis zum Anschluss der DDR an die BRD unterlagen beide deutsche Staaten allerdings einer wesentlichen Einschränkung ihrer Souveränität. Die drei Westmächte und die Sowjetunion behielten sich gemeinsam und gesondert vor, dass ihre Rechte und Zuständigkeit in Bezug auf Berlin und Deutschland als Ganzes sowie die entsprechenden vierseitigen Vereinbarungen, Beschlüsse und Praktiken erhalten bleiben sollten. Dazu gehörten zweifellos auch Fragen hinsichtlich des territorialen Status Deutschlands und der deutschen Grenzen.

Im sogenannten Deutschlandvertrag von 1952, mit dem die BRD zu einem souveränen Staat erklärt wurde, stellten die drei Westmächte gegenüber der BRD dieses Defizit fest. In Art. 2 hieß es, dass »die Drei Mächte die bisher von ihnen ausgeübten und innegehabten Rechte und Verantwortlichkeiten in Bezug auf Berlin und Deutschland als Ganzes« behalten.[67]

Die Sowjetunion zog nach. Sie gab gegenüber der DDR ähnliche Erklärungen ab. Der Vertrag über die Beziehungen der Deutschen Demokratischen Republik und der Union der Sozialistischen Sowjetrepubliken vom 20. September 1955[68] bestätigte die Souveränität der DDR, aber er wurde abgeschlossen »unter Berücksichtigung der Verpflichtungen, die die Deutsche Demokratische Republik und die Sowjetunion gemäß den bestehenden internationalen Abkommen, die Deutschland als Ganzes betreffen, haben«.

Das war der diplomatisch formulierte Vorbehalt, dass die Sowjetunion ihre Rechte und Verantwortlichkeiten in Bezug auf Berlin und Deutschland als Ganzes behielt. Daran haben die Freundschaftsverträge zwischen der DDR und der UdSSR von 1964 und 1975 nichts geändert.

Der Vorbehalt der Rechte und Verantwortlichkeiten der Siegermächte stand nicht nur auf dem Papier. Er wurde wahrgenommen. Die vier Mächte haben sich wohlweislich nicht genau dazu geäußert, was alles dazu gehörte. Fest steht: Weder die DDR noch die BRD waren in Fragen der Sicherheits- und Militärpolitik souverän. Sie waren nicht nur vertraglich in die Disziplin ihrer jeweiligen Militärbündnisse eingebunden, sondern auch Kraft der fortdauernden Rechte und Verantwortlichkeiten der vier Mächte in ihrer Souveränität eingeschränkt. Auch die Herstellung der staatlichen Einheit Deutschlands war darum zustimmungsbedürftig und wäre ohne den Zwei-plus-Vier-Vertrag nicht möglich gewesen.

Nach sowjetischer Rechtsauffassung und Praxis war die Bestimmung des Vorgehens an der Grenze zwischen der DDR und der BRD, insbesondere ihrer militärischen Sicherung, Bestandteil ihrer Rechte und Verantwortlichkeiten. Die Befehlsgewalt lag in Moskau und beim Kommando der sowjetischen Streitkräfte in Wünsdorf. Das galt auch und angesichts der internationalen Lage besonders für die Sicherung der Staatsgrenze 1961 und die darauffolgenden Maßnahmen.[69] Ich will mich nicht auf den Streit einlassen, ob Walter Ulbricht den sowjetischen Partei- und Staatschef Nikita Chruschtschow gedrängt habe, die Grenze um Westberlin im August 1961 zu *sichern* oder zu *schließen*, wie man im Westen sagte, oder ob die Initiative von der sowjetischen Seite ausging. Der Streit ist ohne weitere Funde von Belegen wenig produktiv. Wesentlich ist in unserem Zusammenhang, dass die Entscheidungen – ob mit oder ohne Drängen Ulbrichts – in Moskau fielen.

Demonstrativ haben die vier Mächte beim Abschluss ihres Abkommens über Berlin am 3. September 1971 ihren Anspruch formuliert und praktiziert. Sie haben keinen Zweifel daran gelassen, dass die getroffenen Regelungen ihre Sache und nicht die der DDR und der BRD waren. Die Westmächte »konsultierten« die Bundesregierung, und die Sowjetunion handelte »in Übereinkunft mit« der DDR-Regierung. Die beiden »zuständigen deutschen Behörden« sollten Durchführungsmaßnahmen vereinbaren. Aber die grundsätzlichen Entscheidungen hatten die Regierungen der vier Siegermächte zu treffen. Sie handelten »auf der Grundlage ihrer vierseitigen Rechte und Verantwortlichkeiten und der entsprechenden Vereinbarungen und Beschlüsse der vier Mächte aus der

Kriegs- und Nachkriegszeit, die nicht berührt werden« (Präambel), und sie »werden ihre individuellen und gemeinsamen Rechte und Verantwortlichkeiten, die unverändert bleiben, achten« (Teil I, Ziff. 3).

Im Vorfeld der Aufnahme der zwei deutschen Staaten in die UNO gaben die vier Siegermächte am 9. November 1972 eine gemeinsame Erklärung ab, »dass diese Mitgliedschaft [der DDR und der BRD] die Rechte und Verantwortlichkeiten der vier Mächte und die entsprechenden diesbezüglichen vierseitigen Vereinbarungen, Beschlüsse und Praxis in keiner Weise berühren darf«.[70]

Diese Rechte und Verantwortlichkeiten beendeten die vier Mächte erst mit Art. 7 Abs. 1 des Zwei-plus-Vier-Vertrags. Abs. 2 lautet: »Das vereinte Deutschland hat demgemäß volle Souveränität über seine inneren und äußeren Angelegenheiten.«

Anmerkungen

1 Wer sich für die Veränderungen deutscher Grenzen seit dem Mittelalter interessiert, den verweise ich auf: Alexander Demandt (Hrsg.), Deutschlands Grenzen in der Geschichte, München 1990. Das Zentralinstitut für Geschichte der Akademie der Wissenschaften der DDR und der VEB Hermann Haack, Geographisch-Kartographische Anstalt, haben 1973 einen zweibändigen Atlas zur Geschichte herausgebracht, dem man die Veränderungen deutscher Grenzen in der Geschichte entnehmen kann. Probleme der Grenzen zwischen beiden deutschen Staaten behandelt Klaus Emmerich, Grenzen. Eine Auswahl staats-, völkerrechtlicher und zeitgeschichtlicher Aspekte der Grenzen am Beispiel beider deutscher Staaten und der Hauptstadt Berlin, verlag am park, Berlin 2009

2 Die Gebietsveränderungen, die der Wiener Kongress beschlossen hat, sind aufgezählt bei: Robert Rie, Wiener Kongress von 1815, in: Strupp-Schlochauer, Wörterbuch des Völkerrechts, Dritter Band, Berlin 1962, S. 846 ff.

3 Teil II des Vertrags von Versailles, Reichsgesetzblatt 1919, S. 749 ff.

4 Das Paket bestand aus dem Schlussprotokoll der Konferenz von Locarno vom 16. Oktober 1925 und – als Anlagen dazu – einem Vertrag zwischen Deutschland, Belgien, Frankreich, Großbritannien und Italien, vier Schiedsabkommen Deutschlands mit Belgien, Frankreich, Polen und der Tschechoslowakei, sowie einem Antwortschreiben an Deutschland zur

Auslegung des Artikels 16 der Völkerbundssatzung, Reichsgesetzblatt 1925 II, S. 977

5 Die Nazis meldeten 99,73 Prozent Zustimmung bei 99,71 Prozent Abstimmungsbeteiligung. Das war eine Fälschung. Trotzdem wird wohl die »überwältigende« Mehrheit der Österreicher zugestimmt haben.

6 Reichsgesetzblatt 1939 I S. 485

7 Reichsgesetzblatt 1939 II, S. 608

8 Der Nichtangriffsvertrag war öffentlich zugänglich: Reichsgesetzblatt 1939 I, S. 1683. Das Zusatzprotokoll war streng geheim, seine Existenz wurde noch von Glasnost-Verfechter Michail Gorbatschow bestritten, obwohl das Protokoll in seinem Panzerschrank lag. Das Deutsche Historische Museum besitzt ein Faksimile, zu lesen im Internet: *www.dhm.de/sammlungen/zendok/hitler-stalin-pakt/Zupro.html*

9 Reichsgesetzblatt 1939 I S. 547

10 http://wapedia.mobi/de/Deutsches_Reich_1933_bis_1945?t=4. S. 12

11 http://de.wikipedia.org/wiki/generalgouvernement. S. 3

12 Reichsgesetzblatt 1940 I S. 777

13 Vgl. Internationaler Militärgerichtshof Nürnberg, Amtlicher Text in deutscher Sprache Band 1, S. 91 ff.

14 Der Beschluss wurde mit einem persönlichen Schreiben der Volkskammerpräsidentin Bergmann-Pohl an den Bundespräsidenten von Weizsäcker übermittelt. Vgl. BGBl. 1990 I, S. 2058

15 BGBl. II S. 1318

16 Vertrag zwischen der Bundesrepublik Deutschland und der Republik Polen über die Bestätigung der zwischen ihnen bestehenden Grenze vom 14. November 1990, BGBl. 1991 II, S. 1329. In Art. 1 wird der Verlauf der Grenze zwischen der Deutschen Demokratischen Republik und der Republik Polen entsprechend dem Abkommen vom 6. Juni 1950 über die Markierung der festgelegten und bestehenden deutsch-polnischen Staatsgrenze und dem Vertrag vom 22. Mai 1989 zwischen der DDR und Polen über die Abgrenzung der Seegebiete in der Oderbucht bestätigt.

17 Ministerium für Auswärtige Angelegenheiten der UdSSR (Hrsg.), Die Sowjetunion auf internationalen Konferenzen während des Großen Vaterländischen Krieges 1941 bis 1945, Band 1, Die Moskauer Konferenz der Außenminister der UdSSR, der USA und Großbritanniens, Dokumentensammlung, Moskau/Berlin 1988

18 Ebenda, S. 303

19 Ebenda, Bd. 2, Die Teheraner Konferenz der höchsten Repräsentanten der drei alliierten Mächte – UdSSR, USA und Großbritannien, Moskau/Berlin 1986

20 Vgl. dazu ebenda, S. 136 ff.

21 Vgl. dazu Bernd Greiner, Die Morgenthau-Legende. Zur Geschichte eines umstrittenen Plans, Hamburg 1995

22 Ebenda, Bd. 4, Die Krimkonferenz der Repräsentanten der drei alliierten Mächte – UdSSR, USA und Großbritannien, Moskau/Berlin 1986

23 Ebenda, S. 222
24 Ebenda, S. 55 ff. und S. 71 ff.
25 Ebenda, S. 58 f.
26 Ebenda, S. 207
27 Amtsblatt des Kontrollrats in Deutschland, Ergänzungsblatt Nr. 1, Berlin (1946), S. 7 ff. Die Erklärung ist abgedruckt in: Das Potsdamer Abkommen, Dokumentensammlung, Berlin 1984, S. 29 ff.
28 Vgl. FN. 22, S. 20 f.
29 Amtsblatt, FN. 27, S. 11
30 Das Protokoll ist abgedruckt in: Dietrich Rauschning (Hrsg.), Rechtsstellung Deutschlands. Völkerrechtliche Verträge und andere rechtsgestaltende Akte, dtv, München 1989, S. 3
31 Vgl. dazu Dieter Schröder, Die Elbe-Grenze, Baden-Baden 1986
32 Zum sog. Wanfrieder Abkommen vom 17. September 1945 vgl. *http://de.wikipedia.org/wiki/Wanfrieder_Abkommen*
33 Zum sogenannten Barber-Ljaschtschenko-Abkommen vom 13. November 1945 vgl. *http//de.wikipedia.org/wiki/Barber-Ljaschtschenko-Abkommen*
34 Ich zitiere im Folgenden aus der Dokumentation zur Ostpolitik der Bundesrepublik, herausgegeben vom Presse- und Informationsamt der Bundesregierung 1990, S. 107 ff.
35 Die Feststellung ist abgedruckt in: Das Potsdamer Abkommen, Dokumentensammlung, Berlin 1984, FN 26, S. 35f.
36 Abkommen über die Kontrolleinrichtungen in Deutschland vom 14. November 1944. Das Abkommen ist abgedruckt in: Rechtsstellung Deutschlands, FN 30, S. 11
37 FN 17, Band 6, Die Potsdamer (Berliner) Konferenz der höchsten Repräsentanten der drei alliierten Mächte - UdSSR, USA und Großbritannien, Berlin 1986
38 Ebenda, S. 53 ff.
39 Vgl. FN 17, S. 308
40 Die Curzon-Linie, benannt nach dem britischen Außenminister, war von den Siegermächten des Ertsten Weltkriegs als Grenze zwischen Polen und Russland nach 1919 vorgesehen. Im Ergebnis des russisch-polnischen Krieges wurde diese Grenze jedoch durch den Friedensvertrag von Riga vom 18. März 1921 bis zu 250 km weit nach Osten verlegt.
41 FN 5, S. 225
42 FN 35, S. 193
43 Vgl. Stadt Königsberg und das anliegende Gebiet, ebenda, S. 191
44 Das Saargebiet war durch den Vertrag von Versailles für 15 Jahre einer treuhänderischen Verwaltung durch den Völkerbund unterstellt worden. In einer Volksabstimmung entschieden sich die Saarländer für eine Rückkehr nach Deutschland. Das Saargebiet gehörte also am Ende des Zweiten Weltkriegs zu Deutschland in den Grenzen vom 31. Dezember 1937
45 Feststellung über das Kontrollverfahren, Fn. 35, S. 35
46 Gesetz Nr. 9 des Kontrollrats, Beschlagnahme und Kontrolle des Vermö-

gens der I. G. Farbenindutrie, Amtsblatt des Kontrollrats in Deutschland, Berlin, Nr. 2 vom 30. November 1945, abgedruckt in: Das Potsdamer Abkommen, FN 9, S. 225

47 Vgl. Das Potsdamer Abkommen, FN 35, S. 189f.

48 Vgl. *http://www.politische-union.de/weuv/weuv48.htm*

49 Dieter Blumenwitz, Territoriale Folgen des Zweiten Weltkriegs für Deutschland, Archiv des Völkerrechts 23 (1985), S. 3f.

50 Vertrag zur Regelung aus Krieg und Besatzung entstandener Fragen zwischen der Bundesrepublik Deutschland und den USA, Großbritannien und Frankreich vom 26. Mai 1952 in der durch das Protokoll vom 23. Oktober 1955 über die Beendigung des Besatzungsregimes in der Bundesrepublik Deutschland geänderten Fassung, BGBl. 1955 II, S. 461

51 *http:/www.hdg.de/lemo/html/dokumente/Nachkriedsjahre_erklaerungFrankfurterDoc*

52 Nebenbei gesagt: Die Frankfurter Dokumente enthielten den Auftrag: »Die Ratifizierung [*der Verfassung – G. S.*] in jedem beteiligten Land erfolgt durch ein Referendum, das eine einfache Mehrheit der Abstimmenden in jedem Land erfordert, nach von jedem Land jeweils anzunehmenden Regeln und Verfahren.« Ein Referendum fand nicht statt. An seine Stelle traten Landtagsbeschlüsse. Die Besatzungsmächte hatten nichts dagegen

53 Erklärung von Marschall Sokolowski vor dem Alliierten Kontrollrat vom 20. März 1948, *Neues Deutschland* vom 31. März 1948. Die Erklärung ist abgedruckt in: Dokumente zur Deutschlandpolitik der Sowjetunion, Bd. I, Berlin 1957, S. 181ff.

54 Vgl. Gerhard Keiderling, Die Berliner Krise 1948/49, Berlin 1982

55 Note der Regierung der UdSSR an die Regierungen der USA, Großbritanniens und Frankreichs, *Neues Deutschland* vom 5. Oktober 1948. Die Note ist abgedruckt in: Dokumente, FN 53, S. 195 ff., Zitat auf S. 197

56 Das Abkommen und der Befehl sind abgedruckt in: Dokumentation zur Deutschlandfrage, Hauptband I, Bonn-Wien-Zürich, S. 80 und S. 85

57 Am 12. März 1947 verkündete der Präsident der USA, Harry S. Truman, die nach ihm benannte Doktrin, wonach es die Politik der USA sein müsse, »freien Völkern beizustehen, die sich der angestrebten Unterwerfung durch bewaffnete Minderheiten oder durch äußeren Druck widersetzen«. Er proklamierte den Gegensatz zwischen einer wunderbar demokratischen und freiheitlichen Lebensform und einer schrecklichen anderen Lebensform, die »sich auf den Willen einer Minderheit« stützt, »den diese der Mehrheit gewaltsam aufzwingt«. Ein Auszug aus der Truman-Doktrin ist aus dem Internet abrufbar:
http://de.wikipedia.org/wiki/Truman-Doktrin

58 BGBl. 1955 II,. 289

59 Vertrag über Freundschaft, Zusammenarbeit und gegenseitigen Beistand zwischen der Volksrepublik Albanien, der Volksrepublik Bulgarien, der Ungarischen Volksrepublik, der Deutschen Demokratischen Republik,

der Volksrepublik Polen, der Rumänischen Volksrepublik, der Union der Sozialistischen Sowjetrepubliken und der Tschechoslowakischen Republik vom 14. Mai 1955, GBl. der DDR I, 1955, S. 382

60 Vgl. die Bekanntmachung vom 9. Mai 1955, BGBl. 1955 II, S. 630

61 Bei Klaus Emmerich, FN 1, S. 92, heißt es richtig: »Die Entstehung der völkerrechtlichen Staatsgrenze zwischen beiden deutschen Staaten fällt mit der Gründung dieser Staaten zusammen. Wie die Entstehung zweier deutscher Staaten ein Produkt des Kalten Krieges war, trifft das auch auf die Staatsgrenze zu.«

62 Diese völkerrechtlichen Grundsätze sind in Art. 2 Ziff. 4 der UN-Charta verankert. Sie wurden in der Deklaration über die Prinzipien des Völkerrechts vom 24. Oktober 1970 durch die Generalversammlung der UN und in der Prinzipien-Erklärung der Schlussakte von Helsinki bestätigt und weiter entwickelt.

63 Knut Ipsen, Völkerrecht, 5. Auflage, München 2004, S. 280, definiert die Bedeutung von Staatsgrenzen: »Die Ausdehnung des Staatsgebietes wird durch Staatsgrenzen bestimmt. Diese können natürlicher (Meere, Flüsse, Gebirgskämme) oder künstlicher Art (Markierungen bzw. durch geografische Beschreibungen erkennbare fiktive Linien, z. B. Längen- oder Breitengrade) sein, wobei ihnen insbesondere die Funktion zukommt, die Rechtsordnungen zweier benachbarten Staaten voneinander abzugrenzen.«

64 Eckhart Thomas, Grenzverkehr, in: Strupp-Schlochauer, Wörterbuch des Völkerrechts, Erster Band, Berlin 1960, S. 709

65 Vertrag über die Grundlagen der Beziehungen zwischen der Deutschen Demokratischen Republik und der Bundesrepublik Deutschland vom 21. Dezember 1972, GBl. DDR II, 1973, S. 26

66 Urteil des Zweiten Senats des Bundesverfassungsgerichts vom 31. Juli 1973, BVerfGE 36, S. 26

67 Vertrag über die Beziehungen zwischen der Bundesrepublik Deutschland und den Drei Mächten vom 20. Mai 1952 i. d. F. vom 23. Oktober 1954, Völkerrecht, Dokumente, Teil 2, Berlin 1980, S. 367

68 Ebenda, S. 423

69 Vgl. Klaus Emmerich, FN 1, S. 45

70 Erklärung der Regierungen der UdSSR, Großbritanniens, der USA und Frankreichs vom 9. November 1972, Völkerrecht, Dokumente, Teil 3, Berlin 1980, S. 819

** Gregor Schirmer, Jahrgang 1932, Völkerrechtler, von 1965 bis 1976 Staatssekretär bzw. Stellvertretender Minister für Hoch- und Fachschulwesen, von 1977 bis 1989 stellvertretender Leiter der Abteilung Wissenschaften des ZK der SED*

Die militärpolitische Situation 1958-1961 und die Nachwirkungen für das Militärwesen

*Von Hans-Werner Deim**

Ich war über 38 Jahre Soldat der DDR und länger als 35 Jahre Soldat des Warschauer Vertrages. In meinen Überlegungen und Erwägungen finden beide Ebenen Berücksichtigung.

Erst mit wachsender Verantwortung erschloss sich mir der Gesamtumfang des von den USA und dem Westen aufgezwungenen militärpolitischen Prozesses, der die Bezeichnung Kalter Krieg erhielt, sowie dessen Wirkung auf die Koalition, Staat, Gesellschaft und Individuen.

Der 13. August 1961 fixiert eine der Schlachten dieses Krieges. Sie war für die Militärangehörigen der DDR ein denkwürdiger Höhepunkt in ihrem an Ereignissen reichen Soldatenleben. Ich war damals operativer Offizier im Stab des Rostocker Mot.-Schützen-Regiments (MSR-28). Im Jahr zuvor, 1960, hatte ich die Moskauer Frunse-Militärakademie absolviert.

Meine Vorgesetzten ließen mich in der 2. Julihälfte ins Ausland in den Urlaub fliegen. Angesichts der angespannten Lage sahen sie bei Notwendigkeit meinen Rückruf vor. Er erfolgte nicht. So schloss ich mich meinem Truppenteil erst am 15. August in Berlin wieder an.

Das Regiment war am 10. August in die volle Gefechtsbereitschaft versetzt und in den Konzentrierungsraum der 8. MSD Templin-Fürstenberg-Groß Schönebeck verlegt worden. Wie das bei Truppenübungen und Bereitschaftsüberprüfungen in der NVA bezeichnend war, bewiesen auch die Angehörigen des Rostocker Regiments in dieser Situation hohe Disziplin sowie Einsatz- und Leistungsbereitschaft. Am 13. August war um 0 Uhr Gefechtsalarm ausgelöst worden. Der Konzentrierungsraum nördlich Berlins wurde durch Ministerbefehl zum Bereitstellungsraum. Den Auftrag, an der unzweideutigen Markierung der Staatsgrenze der DDR und ihrer Hauptstadt zu Westberlin mitzuwirken, betrachteten nahezu alle als lange überfälligen Schritt der Selbstbehauptung der DDR. Von Westberlin ging eine Wühl- und Störtätigkeit aus, die es zu stoppen galt.

Das Regiment stellte im Zentrum Berlins in seinen Bataillonsabschnitten und den Stützpunkten seiner Panzerkompanien ab 8.00 Uhr Einsatzbereitschaft her.

Damit begannen Wochen angespannten Dienstes.

Ende August mehrten sich Anzeichen bevorstehender Aktivitäten der Westberliner Garnisonen der US- und britischen Truppen im Bereich der Grenzübergangsstellen im Stadtzentrum, also im Einsatzraum unseres Regiments. Es wurde entschieden, dass notfalls Truppen der GSSD aktiv werden sollten. Dieser Fall trat erst am 27. Oktober 1961 ein, als US-Panzer am Grenzübergang Friedrichstraße (»Checkpoint Charlie«) aufmarschierten und erst an der weißen Linie stoppten. Auf der Gegenseite bezogen sowjetische Panzer Position.

Bereits zuvor war unser MSR-28 in nördliche Stadtbezirke umgruppiert worden. Den Platz im Berliner Zentrum nahm ein sowjetisches Panzerregiment der Bernauer 6. Garde-Mot.-Schützendivision der 20. Gardearmee ein. Die beiden benachbarten Regimenter arbeiteten eng zusammen. Das war besonders vorteilhaft für Demonstrationshandlungen und in der Streifentätigkeit.

Ende September ließen die Lagebedingungen die Rückführung der Hauptkräfte und die Wiederaufnahme der Gefechtsausbildung der Truppen der NVA und der GSSD in vollem Umfange zu.

Den Angehörigen der NVA war nach den zwei Einsatzmonaten noch stärker als zu ihrem Beginn bewusst geworden, dass ihr Wirken in Berlin erheblich zum Schutz der Souveränität der DDR als westlicher Brückenkopf des Warschauer Vertrages beitrug.

Im Oktober 1961 wurde ich in den Stab des Militärbezirks V kommandiert. 1963 wechselte ich in den Hauptstab der NVA. Nach achtjähriger Tätigkeit dort wurde ich an die Moskauer Akademie des Generalstabes delegiert. Über die Dienststellung Stabschef der 11. Mot.-Schützendivision kehrte ich in den Hauptstab zurück. Mir wurden leitende Funktionen in seinem operativen Bereich übertragen.

In diesen verschiedenen Funktionen sammelte ich Erfahrungen und Kenntnisse, die mich die Konflikte nach dem Zweiten Weltkrieg analytisch beurteilen ließen. Sie waren Folge (und Ursache weiterer) geopolitischer, geostrategischer und geoökonomischer Auseinandersetzungen zwischen den beiden Systemen.

Den USA und dem Westen ging es geopolitisch um die Beseitigung von Hindernissen für ihre Europa- und Weltherrschaftsambitionen. Das waren objektiv die Sowjetunion und ihre Verbündeten.

Geostrategisch strebten sie die Kontrolle des osteuropäischen Raumes an, in den sie immer tiefer eindringen wollten, um transkontinentale Verbindungen zwischen dem Atlantik und dem Pazifik herzustellen.

Und in geoökonomischer Hinsicht ging es um die Erweiterung und Stabilisierung der zweiten ökonomischen Basis des westlichen Kapitalismus, d. h. insbesondere um die Rohstoffressourcen der UdSSR.

Diese Ziele wurden erreicht. In den Ländern der sozialistischen Staatengemeinschaft wurde in den 90er Jahren der Kapitalismus restauriert.

Die Langfristigkeit dieser Strategie des Westens wurde durch Planungsdokumente Großbritanniens und der USA bewiesen, die nach dem Ende des Sozialismus bekannt wuden.

Besonders aufschlussreich sind drei von ihnen.

Erstens der Plan eines Krieges gegen die Sowjetunion mit der Tarnbezeichnung »Unthinkable« (Undenkbar). Ihn hatte Churchill in Auftrag gegeben und am 22. Mai 1945 erhalten. Er entstand also in der Endphase des Krieges, in einer Zeit, als Großbritannien und die Sowjetunion Verbündete in der Antihitlerkoalition waren und sich die Truppen der 1. Belorussischen und der 1. Ukrainischen Front daran machten, die letzte strategische Angriffsoperation zur vollständigen Zerschlagung der Wehrmacht zu beginnen.

»Unthinkable« sah zwei Hauptschläge vor: einen nördlichen auf der Achse Stettin, Schneidemühl und Bydgoszcz sowie einen südlichen auf der Achse Leipzig, Cottbus, Posen und Breslau. Die Hauptschlachten der Panzertruppen waren ostwärts der Oder und Neiße vorgesehen. Die voraussichtliche Endaufgabe bestand im Erreichen der Linie Danzig-Breslau. Für diese abersinnige Idee sollten herangezogen werden: 103 alliierte und ein Dutzend Divisionen der Wehrmacht sowie 6.048 taktische und 2.750 strategische Kampfflugzeuge.

Die USA, in jener Zeit mit stärkerem Realitätssinn ausgestattet, lehnten Churchills Kriegsplan ab. Es wäre der Welt nicht zu vermitteln gewesen, weshalb man auf den Verbündeten einschlug, der nachweislich den größten Beitrag zur Befreiung des Kontinents von der Nazidiktatur geleistet hatte. Dafür schien die Zeit noch nicht reif. Churchills Auffassung, man habe »das falsche Schwein« geschlachtet, war im Frühsommer 1945 als Mehrheitsmeinung wirklich »undenkbar«.

Zweitens die Direktive des Nationalen Sicherheitsrates der USA, die NSC 20/1 vom 18. August 1948. Dabei handelte es sich um eine Geheime Verschlusssache mit der Bezeichnung: »Ziele der USA bezüglich Russlands«. Nach ihrer Bestätigung durch Präsident Truman wurde sie die Grundlage der nachfolgenden Pläne für einen Atomkrieg gegen die UdSSR.

Einen besonders aggressiven Charakter besaß der am 19. Dezember 1949 fertiggestellte Kriegsplan gegen die Sowjetunion namens »Dropshot«. Die Hauptoperationen sollten in der Norddeutschen Tiefebene erfolgen – in Verbindung mit Teiloperationen aus südlichen Richtungen (Ägäis, Schwarzmeer-Gebiet, Türkische Meerengen). Die Vereinigung der an den Operationen beteiligten Streitkräfte war im Süden Polens geplant.

Zur Anwendung und zum Einsatz sollten kommen: 300 Atombomben (zuerst auf 100, dann auf 200 Städte); 29.000 Tonnen konventioneller Bomben, 164 Divisionen und 110 Fliegergruppen (Äquivalent von Geschwadern mit nicht 40, sondern 36 Kampfflugzeugen).

Drittens die Konzeption NSC 68 »Aufgaben und Programm der nationalen Sicherheit der USA« vom 14. April 1950. In diesem Dokument wurden alle bis dahin getroffenen Festlegungen im Kampf gegen die UdSSR bekräftigt.

Manch führender Genosse im sozialistischen Lager sah im Kalten Krieg nur einen »Krieg der Nerven«. Die USA hingegen führten ihn wie einen tatsächlichen Krieg. Sie gaben allen Maßnahmen einen »heißen« Zuschnitt und große Härte. Das betraf auch Westberlin. Die Stadt spielte in den Plänen der USA eine herausragende Rolle. Washington war der Überzeugung, dass die USA den Westteil Europas verlieren würden, gäben sie Berlin auf. Daher banden sie das trinationale (USA, Großbritannien, Frankreich) Divisionsäquivalent in alle Arten und Formen der Störtätigkeit gegen die DDR und des nicht auszuschließenden bewaffneten Kampfes gegen die Koalitionsgruppierungen des Warschauer Vertrages ein.

Die Besatzungstruppen in Westberlin betrieben gemeinsam mit den unzähligen Organen der zivilen und militärischen Geheimdienste Aufklärungs- und Diversionstätigkeit über die offene Grenze, dem »Loch« im DDR-Sicherheitssystem, und bereiteten sich auf ihren Einsatz im Kriegsfalle intensiv vor. Diese Aktivitäten betrieben sie, operativ gesehen, faktisch hinter den fünf Armeen der 1. Staffel sowie auf der Höhe und zwischen den beiden Armeen der 2. Staffel der gemeinsamen Frontgruppierung der GSSD und der NVA. Sie banden drei bis vier Divisionen an sich, bei den militärischen Maßnahmen am 13. August 1961 sechs Divisionen, davon vier der 20. Gardearmee der GSSD und zwei (1. und 8. MSD) des Militärbezirks V der NVA.

Der sowjetische Generalstab sah sich genötigt, mit der 5. Gardepanzerarmee des Belorussischen Militärbezirks die Lücke zu schließen, die in der 2. Staffel durch die Veränderung des Auftrages der 20. Gardearmee entstand.

Diese bevorzugte einmalige Lage der NATO-Truppen in Westberlin sollte um keinen Preis aufgegeben werden. Die erneute Gewinnung der vorteilhaften operativen Position inmitten der gegnerischen Frontgruppierung hätte die Organisation und Durchführung einer aufwendigen und verlustreichen Luftlandeoperation erfordert.

Die militärischen Planungen zur Vermeidung eines Rückzuges der NATO-Garnison und für die Versorgung der Truppen schlossen Einfälle in das Territorium der DDR ein. Das wäre eine Aggression gewesen, unabhängig davon, ob sie taktischen, operativen oder strategischen Charakter besessen hätten.

Von 1959 bis 1961 waren die *Live-Oak*-Planungen verbindlich. *Live Oak* hieß der Planungsstab der NATO zur »Verteidigung« Westberlins, der offiziell erst am 2. Oktober 1990 aufgelöst wurde.

Im Juni 1961 formulierte Kennedy Aufgaben, deren Realisierung einen Krieg hätte auslösen können. Die

NATO wurde für weitreichende Optionen verantwortlich gemacht, die in den *Bercon*-Planungen ihren Niederschlag fanden. (Bercon = *Contingency Planning for Berlin*)

Unter diesen Optionen waren besonders gefährlich:

- eine erweiterte Luftangriffsoperation zur Erzwingung der Überlegenheit und dann Herrschaft im Luftraum der DDR
- selektiver Einsatz von Nuklearwaffen auf Ziele in der DDR
- Angriff von zwei Divisionen im Raum Kassel (nach unserer Interpretation in der Leipziger Operationsrichtung der NATO)
- Angriff von vier Divisionen in der Magdeburger Operationsrichtung
- Angriff von vier Divisionen zur Einnahme des Thüringer Waldes in der Dresdner Operationsrichtung
- Blockade im Bereich der Dardanellen und um Kuba
- Behinderung ziviler Luftfahrzeuge der Warschauer Vertragsstaaten
- Blockade der sowjetischen Seestreitkräfte.

Die Planungen fanden 1962 ihren Abschluss und Bestätigung durch den Präsidenten der USA.

Sowohl sowjetische Kundschafter als auch Verlautbarungen der Amerikaner machten die Päne bekannt.

Sie markierten einen Umbruch und die stärkste Zuspitzung des Systemkonflikts im zweiten Jahrzehnt nach dem Zweiten Weltkrieg. Heute erklären westliche Historiker, dass diese Pläne die Ängste der politischen Entscheidungsträger der NATO offenbart hätten, insbesondere der Kennedy-Administration. Tatsache jedoch ist: Das *Bercon*-Programm verdeutlicht, dass die USA auf eine ganze Serie, eine Kombination von Schlägen auf wirtschaftlichem und erforderlichenfalls militärischem Gebiet gegen die UdSSR und ihre Verbündeten setzten, weil Einzelschläge den Warschauer Pakt und seine Führungsmacht nicht beseitigen würden.

Vor allem setzte man auf Elemente des Wirtschaftskrieges, um die DDR zu destabilisieren. So wurden kurzfristig Übereinkommen im sogenannten Interzonenhandel gekündigt, qualifizierte Fachkräfte abgeworben und die nicht konvertierbare DDR-Mark zum Schwindelkurs getauscht. Das Geld wurde dann wieder in den Umlauf der DDR eingespeist, indem man hochwertige Waren aufkaufte und ausführte. Und die BRD unternahm alles, um die DDR international zu isolieren. Der Alleinvertretungsanspruch, auch bekannt als Hallstein-Doktrin, wurde mit politischen und wirtschaftlichen Mitteln durchgesetzt.

Nach Auffassung der UdSSR lag Westberlin auf dem Territorium der sowjetischen Besatzungszone resp. der DDR, und nach Übertragung der Souveränitätsrechte an die DDR und die BRD durch die Siegermächte bestand für die Präsenz westlicher Truppen in Berlin kein Grund mehr, weil sich der Alliierte Kontrollrat als De-facto-Übergangsregierung für Gesamtdeutschland erledigt hatte.

Deshalb schlug Moskau 1958 vor, Westberlin zur »Freien Stadt« zu erklären und die Besatzungstruppen abzuziehen. Sofern die Westmächte diesem Vorschlag nicht folgten, werde man den noch immer ausstehenden Friedensvertrag mit Deutschland allein mit der DDR abschließen. Dann fiele der DDR die Kontrolle über die Versorgung der NATO-Garnison zu.

Die USA wiesen diesen Vorschlag zurück und drohten für den Fall seiner Realisierung, mit Waffengewalt nach Westberlin durchzubrechen.

US-Präsident Eisenhower ordnete zudem an, Marineinfanterie-Divisionen auf volle Kriegsstärke aufzufüllen, US-Kriegsschiffe und -Flugzeugträger zu reaktivieren, zwischen Grönland, Island und Großbritannien eine U-Boot-Barriere einzurichten und zusätzliche Einheiten mit taktischen Kernwaffen in der BRD zu stationieren. Atombomber B-52 der Air Force sollten periodisch ihre

Marschrouten bis zur sowjetischen Grenze ausdehnen. Sein Nachfolger J. F. Kennedy setzte diesen Konfrontationskurs fort. Er verstärkte die US-Streikräfte um weitere 200.000 Mann und die in Europa stationierten Divisionen um sechs. In kürzester Zeit sollte der Kampfbestand der US-Landstreitkräfte um 875.000 Mann anwachsen. Den US-Bürgern riet der Präsident, Schutzräume für einen möglichen Kernwaffenkrieg einzurichten.

Am 1. August 1961 wurden die NATO-Verbände in Europa in Alarmzustand versetzt. In der BRD wurde begonnen, die bestehenden acht Divisionen auf Kriegsstärke aufzufüllen. Am 10. August inspizierte General Hans Speidel als NATO-Befehlshaber Mitteleuropa die im Raum Helmstedt in Divisionsstärke bereitgestellten Truppen, zu deren Ausrüstung Kernwaffen gehörten.

Franz Joseph Strauß bemerkte in seinen Erinnerungen zu den Maßnahmen vom 13. August geradezu erleichtert, dass sie die Pläne für einen konventionellen und einen Nuklearkrieg zur Makulatur hatten werden lassen.

Anders formuliert: Der atomare Untergang der Menschheit war verhindert worden.

Die Militärs der DDR und des Warschauer Vertrages zogen aus der Zuspitzung der Konfrontation seit 1958, die im Sommer 1961 überwunden wurde, Schlüsse und Lehren für die operative und die Gefechts- und Spezialausbildung ihrer Befehlshaber, Kommandeure, Stäbe und Truppen.

Die Krisensituation der Jahre 1958-1961 offenbarte drei Varianten, wie der Westen einen möglichen Krieg beginnen könnte:

Erstens: Einfall einzelner Brigaden und Divisionen in die DDR, worauf die Gruppe der sowjetischen Streikräfte und die NVA ihre Truppen voll entfaltet hätten, wobei sich vorteilhafte Flächenziele für den Einsatz von Kernwaffe durch NATO-Einheiten bieten würden. Das wäre das *Live-Oak*-Schema.

Zweitens: Überfall von gepanzerten mobilen Schlaggruppierungen in ausgewählten operativen Richtungen (etwa in zwei oder drei von insgesamt fünf), die schnell zum strategischen Abschnitt führen, den die Oder und Neiße bildeten. Das wäre das *Bercon*-Schema.

Drittens: Eindringen der voll entfalteten strategischen Gesamtgruppierung auf breiter Front in allen operativen Richtungen (Küstenrichtung, Berliner, Magdeburger, Leipziger und Dresdener Richtung) mit Umfassung aus der Luft durch Fliegerschlaggruppierungen und Luftlandeoperationen.

Das wäre der Gesamtplan der strategischen Angriffsoperation gewesen.

Nach der Kuba-Krise 1962 begann auf unserer Seite eine intensive Arbeit an Reaktionsvarianten auf diese drei Szenarien.

Im Frühjahr 1963 erfolgte unter Leitung des sowjetischen Verteidigungsministers ein zweiseitiges Kriegsspiel auf dem westlichen (nach NATO-Begriffswelt: zentraleuropäischen) Kriegsschauplatz, an dem erstmals auch eine operative Gruppe eines Armeestabes der NVA beteiligt war. Das wichtigste Ergebnis dieser Ausbildungsmaßnahme bestand in der Erkenntnis, dass mit dem Einbruch einzelner taktischer Verbände in die DDR die Truppen der GSSD und NVA in den entlang der Staatsgrenze zur DDR angelegten Sicherungsstreifen von bis zu 75 km Tiefe gelockt werden sollten. Mit den dort installierten Nuklearminen und taktischen Kernwaffen sollte der Kampfbestand entscheidend geschwächt werden.

Danach wäre die Möglichkeit des Übergangs zum Angriff gegeben.

Bei dieser Ausbildungsmaßnahme wurde angesprochen, dass auf diese Weise die NATO den sowjetischen und den NVA-Truppen Idee und Plan der Kursker Schlacht aufzwingen könnte. (Im Juli 1943 versuchte die Wehrmacht auf 150 Kilometern Breite durch eine Zangenbewegung die sowjetischen Verbände einzuschließen. Dazu hatte man 2.000 Panzer, etwa 70 Prozent des Gesamtbestandes an der Ostfront, sowie 900.000 Soldaten, 2.800 Flugzeuge und 10.000 Geschütze zusammengezogen. Der Angriff traf auf ein tief gestaffeltes Verteidigungssystem und blieb im Norden nach zehn, im Süden bei dreißig Kilometern stecken. Nach acht Tagen stellte die Wehrmacht den Angriff notgedrungen ein, die Rote Armee eröffnete ihre Sommerinitiative.)

Der NVA wurde die Aufgabe übertragen, unsere gemeinsamen Vorstellungen und Erfahrungen für die Lösung der taktischen und operativen Hauptaufgaben, u. a. das Überwinden des Sicherungsstreifens, bei einer von ihr vorbereiteten und geleiteten Ausbildungsmaßnahme zu demonstrieren.

Dies wurde beim Manöver »Waffenbrüderschaft 70« aller sieben verbündeten Armeen umgesetzt.

Noch in den 80er Jahren vervollkommneten wir die von den Berlin-Planungen der USA und der NATO auf die Tagesordnung gesetzten Handlungsverfahren zur Abwehr der Aggression unter allen Lagebedingungen.

Abschließend möchte ich auf die wesentlichen Ergebnisse der Handlungen der Sicherheitsorgane der DDR und unserer Koalition verweisen. Das waren in erster Linie der Nachweis der Fähigkeit, die DDR vor massiver Aufklärungs- und Diversionstätigkeit des Gegners zu schützen, die Kontrolle über die militärischen Potenziale des Gegners zu intensivieren sowie die Entwicklung der DDR unter den Bedingungen größerer Sicherheit in Angriff zu nehmen. Der Historiker Eric Hobsbawn hat völlig recht, wenn er feststellt: »Mochte sie auch noch so geschmäht werden, die Berliner Mauer stabilisierte seit 1961 die Grenze zwischen den Imperien der Supermächte in Europa.«

** Hans-Werner Deim, Jahrgang 1934, Generalmajor a. D.*

Am 11. August 1961 sagte die Volkskammer Ja zu den notwendigen Maßnahmen

*Von Hans Modrow**

I.

Im Jahre 1960 hatte ich an der Hochschule für Ökonomie in Karlshorst mein zweites Diplom erworben und im Zentralrat der FDJ das Ende meiner Tätigkeit im Jugendverband angekündigt. Ich wollte nun in der Praxis die erworbenen Kenntnisse eines Diplomwirtschaftswissenschaftlers erproben. Das ging zwar nicht ohne Debatten ab, aber der 2. Sekretär der Bezirksleitung der SED, Hans Kiefert, war auf meiner Seite. Und so begann ich Anfang 1961 als Assistent in der Planung des größten Betriebes der DDR-Hauptstadt zu arbeiten. Das waren die Elektroapparatewerke Treptow (EAW) mit über 10.000 Beschäftigten.

Im Betrieb musste ich schnell erkennen, dass es zwischen den Debatten des Jugendfunktionärs mit einer Jugendbrigade und der Argumentation des Planungsassistenten für beste Qualität und Planerfüllung einen beachtlichen Unterschied gab.

Mehr noch, in all den FDJ-Jahren hatte ich nur zwei Abgänge aus dem Führungskreis erlebt. Heinz Lippmann, 1953 der zweite Mann an der Spitze der FDJ, und der Verwalter der Landeskasse in Mecklenburg waren abgehauen. Hier erlebte ich es täglich. Im Betrieb sollte ich nun Aussagen über die Entwicklung der Arbeitskräftezahlen im laufenden Jahr und für die nächste Planungsetappe erarbeiten. Es war von Abwerbung und Menschenhandel, vom Westen gegen die DDR betrieben, die Rede. Der Begriff »Republikflucht« gehörte noch nicht zum gängigen Vokabular.

Zu Beginn des Jahres 1960 gab es zum Beispiel noch an die 1.000 Beschäftigte im Ostberliner Werkzeugbau, nach Jahresfrist waren es weniger als 700.

Und es gab noch ein weiteres Problem. Anfang 1961 waren etwa 75.000 Ostberliner in Westberliner Betrieben tätig, und etwa 40.000 erbrachten nebenbei Dienstleistungen, für die es Westgeld gab. (Das betraf im übrigen auch viele Bürger aus dem Berliner Umland.) Als Ost- oder Randberliner im Westen arbeiten, Westgeld verdienen, bei einem Kurs von 1 zu 6 bis 1 zu 8 umtauschen und alle sozialen Vorteile und subventionierten Preise im Osten nutzen – das brachte enorme Vorteile. Und erhöhte die sozialen Spannungen. In den Wohngebieten wusste man, wer im Westteil der Stadt arbeitete. Der bessere Lebensstandard, mitunter auch arrogante Selbstdarstellung, verrieten die meisten der sogenannten »Westgänger«.

Das alles wurde überlagert von der dramatischen Zuspitzung des Verhältnisses zwischen den Großmächten und ihren beiden Bündnissystemen. Historiker sprechen von der Zweiten Berlin-Krise (nach der ersten 1948 mit der separaten Währungsreform in Westberlin und der anschließenden Blockade). Sie soll am 27. November 1958 begonnen haben, als Moskaus erster Mann, Nikita S. Chruschtschow, an die drei einstigen Verbündeten eine Note richtete. Diese wird in der westlichen Geschichtsschreibung gern als »Berlin-Ultimatum« bezeichnet. Darin forderte Moskau, zur Überwindung der internationalen Spannungen Berlin zu entmilitarisieren, d. h. die Besatzungstruppen abzuziehen und Westberlin zur »Freien Stadt« zu erklären. Diese sogenannte Drei-Staaten-Lösung lehnte der Westen ab. Daraufhin legte Moskau nach und stellte am 10. Januar 1959 einen Friedensvertrag mit Deutschland vor. Der wurde zwar ebenfalls abgewiesen, aber Monate später kamen die Außenminister der vier Mächte in Genf zu einer »Deutschlandkonferenz« zusammen, an der erstmals auch Delegationen der beiden deutschen Staaten teilnahmen. Zwar saßen sie nur am »Katzentisch«, aber in dieser Hinsicht waren sie gleichberechtigt. Die Konferenz endete ergebnislos. Moskau kündigte daraufhin an, einen Friedensvertrag mit der DDR allein abschließen und ihr die vollen Souveränitätsrechte (einschließlich der Kontrolle der Zugangswege nach Westberlin) übertragen zu wollen. Das tangierte die Interessen der Westmächte, weshalb diese ihre Kriegsvorbereitungen forcierten.

Moskaus Ankündigung lief ins Leere. Es gab weder einen separaten Friedensvertrag noch die Übertragung der Kontrolle an die DDR. In den USA aber wurde gewählt. Am 20. Januar 1961 trat der 43-jährige John F. Kennedy sein Amt als Präsident an. Anfang Juni reiste er nach Wien, um sich mit Nikita Chruschtschow zu treffen.

Themen waren u. a. die deutsche Frage inklusive Westberlin-Problem und die Gefahr eines kriegerischen Konfliktes. Mein älterer Bruder Franz lebte mit unseren Eltern und den anderen Geschwistern in der Bundesrepublik. Wir beide waren im wehrfähigen Alter. Die Gefahr, dass es im eigentlichen wie im übertragenen Sinne zu einem Bruderkrieg kommen könnte, war sehr real.

Beim Kräftemessen zwischen den USA und der Sowjetunion ging es um die politische Vormachtstellung in der Welt. Beide Seiten wollten zudem nicht preisgeben, was sie durch den gemeinsam errungenen Sieg über den deutschen Faschismus gewonnen hatten: die Sowjetunion nicht den Osten Deutschlands, in welchem sie ihr Gesellschaftsmodell durchgesetzt hatte, die USA nicht Westdeutschland, das sie nach ihren Vorstellungen geformt hatten und als Brückenkopf und Bollwerk gegen »den Kommunismus« brauchten.

Moskau wusste: Wenn die DDR für die Sowjetunion und in dem von ihr geführten Bündnis politisch, wirtschaftlich und militärisch stabil und ein verlässlicher Partner bleiben sollte, musste etwas an der offenen Grenze zu Westberlin und an der Staatsgrenze zur BRD – die ja zugleich die Westgrenze des Warschauer Paktes und die Ostgrenze der NATO war – geschehen. Der bisherige Zustand war auf Dauer nicht hinnehmbar.

Kennedy und Chruschtschow sondierten in Wien. Auszüge aus dem Protokoll des Vier-Augen-Gesprächs verdeutlichen mehr als jeder Kommentar, wie nahe die Welt 1961 am Rande eines Krieges stand.

»CHRUSCHTSCHOW: Sechzehn Jahre sind vergangen, und noch immer gibt es keinen Friedensvertrag mit Deutschland. Ich schlage vor, eine Friedenskonferenz einzuberufen und einen Friedensvertrag zu unterzeichnen. Dabei muss von der Realität der Existenz zweier deutscher Staaten ausgegangen werden.

KENNDY: Wenn man uns jetzt aus Westberlin vertreiben und all unserer vertraglichen Rechte berauben will, werden alle Verpflichtungen der USA gegenüber anderen Staaten zu einem wertlosen Stück Papier, und niemand wird den USA mehr Glauben schenken.

CHRUSCHTSCHOW: Das gesamte Territorium Ostdeutschlands, einschließlich Westberlin, ist Staatsgebiet der Deutschen Demokratischen Republik.

KENNEDY: Das ist Ihr Standpunkt. Wir aber sind der Ansicht, dass wir laut Vereinbarung mit Ihnen bestimmte Rechte in Westberlin haben.

CHRUSCHTSCHOW: Sie spielen offensichtlich darauf an, dass es möglicherweise wegen Westberlin zu einem Krieg kommen könnte. Ich versichere Ihnen, dass wir wegen Berlin keinen Krieg beginnen werden.

KENNEDY: Am meisten beunruhigt mich, dass es wegen einer so wichtigen Frage wie Berlin zu einer direkten Konfrontation zwischen uns kommen könnte.«

Chruschtschow schlug bis zur Unterzeichnung eines Friedensvertrages unter Anerkennung beider deutscher Staaten eine Zwischenlösung vor.

»KENNEDY: Sieht diese zeitweilige Vereinbarung die Präsenz unserer Truppen in Berlin vor?

CHRUSCHTSCHOW: Ja. Doch der Zugang nach Westberlin wird natürlich in Einverständnis mit der Regierung der DDR geregelt werden.

KENNEDY: Herr Vorsitzender, entweder Sie glauben nicht, dass wir ernsthaft gewillt und bereit sind, unsere juristischen Verpflichtungen in dieser Frage zu erfüllen, oder Sie spüren, dass die Lage Ihres Landes trotz der beachtlichen Erfolge in der Wissenschaft, in anderen Bereichen und bei der Erschließung des Weltraums [*anderhalb Monate zuvor, am 12. April, hatte Gagarin einmal die Erde umrundet – H. M.*] derart unbefriedigend ist, dass Sie dazu bereit sind, das Risiko einer offenen Konfrontation zwischen den Vereinigten Staaten von Amerika und der Sowjetunion wegen der Veränderung des Status von Westberlin, der schon 16 Jahre besteht, einzugehen.

Meine Lage wird noch dadurch erschwert, dass mich in London Macmillan [*seit 1957 britischer Premier – H. M.*] zu einem Gespräch erwartet, der zweifellos wissen will, worüber wir gesprochen haben. Ich werde ihm sagen müssen, dass es in sechs Monaten zu den Ereignissen kommen wird, von denen Sie sprechen. Wir beide sitzen einander gegenüber und haben vollkommen entgegengesetzte Verpflichtungen zu erfüllen, was zwangsläufig bedauernswerte Folgen haben kann.

CHRUSCHTSCHOW: Wir wollen Frieden.

KENNEDY: Wenn ich das nicht auch wollte, wäre ich nicht nach Wien gekommen. Ein Krieg lässt sich leicht entfachen, Herr Vorsitzender, aber es ist schwer, den Frieden zu bewahren.

CHRUSCHTSCHOW: Ich habe drei Kriege mitgemacht, Herr Präsident, und weiß, wie das Volk darunter leidet. Nicht ich, sondern Sie drohen mit Krieg. Ich nehme lediglich die Herausforderung an, denn wenn Sie einen Krieg entfesseln, werden wir darauf reagieren müssen.«

Ich weiß nicht, ob die Führung der SED das Protokoll damals in allen Einzelheiten kannte. Über den Gegenstand der Beratung und die Atmosphäre bei der Begegnung sowie die Schärfe, mit der gegensätzliche Positionen aufeinandertrafen, wurde sie gewiss informiert.

Auch an der politischen Basis, in den Parteigruppen und -organisationen, wurden die gleichen Probleme diskutiert: Wird es Krieg geben? Und: Wie ist der weitere Aderlass zu verhindern?

Die von führenden Vertretern der Linkspartei und einigen ihr nahestehenden Historikern getroffene Feststellung, es sei damals vor allem um den Machterhalt Ulbrichts und die weitere Existenz der DDR gegangen, verengen das Problem unangemessen. Die weltpolitische Konstellation bleibt dabei nämlich unberücksichtigt. Und die daraus abgeleitete Schuldzuweisung für den Mauerbau und seine Folgen bedient im Wesentlichen die politischen Interessen der heute herrschenden Kreise. Aber dazu später.

Vom 3. bis 5. August 1961 tagten die führenden Vertreter des Warschauer Vertrages auf Einladung von Chruschtschow in Moskau. Dort wurde u. a. beraten, wie die Lage in und um Berlin zu entschärfen sei, wie also der Konflikt in der Deutschlandfrage deeskaliert werden könne. Auch wenn sich dabei der Fokus zunächst auf Deutschland richtete: Diese Grenze war nur ein Teil jener Frontlinie, die vom Nordkap bis ans Schwarze Meer reichte.

Der Moskauer Beschluss nahm die DDR als Mitglied eines Bündnisses in die Pflicht.

Am 7. August tagte das Politbüro des ZK der SED. Der Tagesordnungspunkt 1 lautete: »Bericht über die Beratung der 1. Sekretäre des ZK der Kommunistischen und Arbeiterparteien aus den Staaten des Warschauer Vertrages. Berichterstatter: Walter Ulbricht«. Dazu hieß es: »Das Politbüro billigt einmütig das Auftreten des Genossen Ulbricht auf der Beratung.«

Weiter wurde beschlossen:

»2. Für Freitag, den 11. August 1961, ist die Volkskammer einzuberufen. Dr. Bolz referiert zu den Fragen der Abrüstung und der Noten der Sowjetunion. Er informiert zugleich über die Beratung der Ersten Sekretäre des ZK der Kommunistischen und Arbeiterparteien.

In der Sitzung der Volkskammer wird Genosse Stoph Fragen, die Berlin betreffen, beantworten.

Die Volkskammer soll ihre Übereinstimmung mit den Beschlüssen dieser Beratung erklären. Sie soll einen Beschluss zur Frage des Kampfes gegen den Menschenhandel fassen, in dem dem Ministerrat alle Vollmachten erteilt werden.

Die Bezirksleitung Berlin organisiert die Entsendung von Betriebsdelegationen zur Tagung.

3. Der Beginn der vorgesehenen Maßnahmen zur Kontrolle erfolgt in der Nacht vom Sonnabend zum Sonntag aufgrund eines Beschlusses des Ministerrates.

4. Genosse Ulbricht wird den Ministerrat am Wochenende zu einem Beisammensein einladen.«

Die Volkskammer wurde einberufen. Wie vom Politbüro festgelegt, hielt Dr. Lothar Bolz (NDPD), seit 1953 Außenminister der DDR, den Hauptbeitrag. Das Mitglied des Politbüros Willi Stoph, Stellvertreter von Ministerpräsident Otto Grotewohl, sprach über Berlin betreffende Fragen. Für den Kulturbund erklärte Professor Robert Havemann mit überzeugenden Worten die Zustimmung seiner Fraktion zum Beschluss, der dem Ministerrat alle Vollmachten erteilte, um das weitere Ausbluten des Landes zu verhindern.

Auch wenn Tagung und Annahme der Beschlüsse nahezu konspirativ erfolgten, was angesichts des Gegenstandes nahelag, sah der Vorgang nicht nur demokratisch aus; er war es auch. Alle in der DDR zugelassenen politischen Kräfte wurden gemäß der Verfassung in den Meinungsbildungsprozess eingebunden.

Auch dieses Moment muss bei einer sachlichen Diskussion über den »Mauerbau« berücksichtigt werden.

Die Staatsoberhäupter des Westens (und nicht nur sie) gingen am gleichen Tag unaufgeregt ins Wochenende. Selbst der Regierende Bürgermeister Willy Brandt war unterwegs und musste am Sonntag erst nach Berlin zurückgeholt werden.

Walter Ulbricht traf sich am Samstag mit dem Ministerrat am Döllnsee und informierte über die geplanten militärischen Maßnahmen zur Sicherung der Grenze in Berlin und zur BRD.

Ich saß an jenem 11. August 1961 in der Volkskammer und gab den Beschlüssen meine Zustimmung. Für mich und alle anderen Abgeordneten stand außer Zweifel: Die Führer der Staaten des Warschauer Vertrages hatten die internationale militärpolitische Lage beurteilt und ihre Schlüsse gezogen. Die Sowjetunion suchte ein Agreement mit den USA (und hatte es möglicherweise gefunden, wovon wir aber nichts wussten), und sie wollte und konnte ihre Position als Siegermacht nicht aufgeben. In dieser Konstellation musste die DDR den ihr zugewiesenen Part spielen.

II.

Am Abend des 12. August klingelte mein Telefon. Hans Kiefert, der sonst ruhige, bedächtige 2. Sekretär der Bezirksleitung der SED, meldete sich mit deutlich aufgeregter Stimme: »Sei bitte um 22 Uhr vor deiner Wohnung auf der Straße. Es wird dich ein Wagen abholen. Der Fahrer weiß, wohin er dich bringen muss.«

Er brachte mich ins Präsidium der Volkspolizei in der Keibelstraße. Bis auf den 1. Sekretär der Bezirksleitung Paul Verner waren alle Mitglieder des Sekretariats zugegen. Wir wurden unterrichtet, dass sich im Haus der Stab des Nationalen Verteidigungsrates, den Erich Honecker leitete, befinde. Ihm gehörten auch Paul Verner und Volkspolizei-Präsident Fritz Eikemeier an.

Wir warteten. Es war nicht möglich zu telefonieren oder das Haus zu verlassen. Erwartungsvolle Spannung lag im Raum, denn wir ahnten allenfalls, dass es um Westberlin gehen würde. Genaues erfuhren wir erst gegen Mitternacht. Paul Verner informierte uns: »Um 0.00 Uhr wird die Grenze nach Westberlin geschlossen.« Dann nannte er Aufgaben und verteilte Aufträge. Eine Debatte, wie sonst in Parteigremien üblich, gab es nicht.

Kampfgruppen und Volkspolizei wurden mobilisiert, Waffen ausgegeben und Transportfahrzeuge bestiegen. Die Kreisleitungen der SED, ebenfalls mobilisiert, waren besetzt. Das Parteiaktiv wurde für die frühen Morgenstunden einberufen.

Verners Order: Den Kampfgruppen muss jede denkbare Unterstützung zukommen. Die staatliche Verwaltung muss handlungsfähig und die Mitarbeiter der Kreisleitungen haben einsatzbereit zu sein. Die Vorsitzenden der befreundeten Parteien sind zu informieren und um politische Unterstützung zu bitten.

Ohne Übertreibung kann man sagen, dass die Vorgaben an jenem 13. August in allen Stadtbezirken erfüllt wurden. Befehle für ein Zusammenwirken mit Truppen der NVA vor Ort gab es nicht.

Die Bilder jenes Tages, die schnell um die Welt gingen, zeigen Menschen, die aus den Fenstern ihrer Häuser springen, um über die Straße nach Westberlin zu gelangen, und einen Volkspolizisten, der über den ausgelegten Stacheldraht mit seiner Waffe in den Westen springt. Rollende Panzer und Menschen, die sich ihnen wie etwa am 17. Juni

1953 in den Weg stellen und sie mit Steinen bewerfen, gab es nicht.

Während ich noch rätselte, warum ich zur Stabsberatung eingeladen worden war, sagte Paul Verner: »Dein Betriebsausflug ist beendet. Der 1. Sekretär der Kreisleitung Köpenick leitet ab sofort die Bezirksparteischule, und du wirst den größten Industriebezirk Berlins übernehmen.«

Zunächst jedoch erhielt ich den Auftrag, mich um den Prenzlauer Berg zu kümmern. Der dortige 1. Sekretär war, aus welchen Gründen auch immer, nicht vor Ort. Schließlich hatte es vor dem Wochenende keine Nachricht etwa der Art gegeben, dass sich alle Parteifunkionäre in Bereitschaft halten oder gar ihren Jahresurlaub abbrechen sollten.

Die Rechte der westlichen Siegermächte blieben von unseren Maßnahmen unberührt, weshalb die militärischen Chefs der drei westlichen Sektoren nur der Form halber bei Oberst Solowjew, dem Chef der sowjetischen Garnison, protestierten.

Die Führung der SED bemühte sich um Normalität im politischen Leben und ging, wie es schien, rasch zur Tagesordnung über. Die Vorbereitungen der Kommunalwahlen im September liefen unverändert weiter, die in ihre Betriebe zurückkehrenden Kampfgruppen wurden mit kurzen Appellen begrüßt, ehe sie wieder an die Arbeit gingen. Bald wurde die Wettbewerbslosung ausgegeben: »In der gleichen Zeit für das gleiche Geld mehr produzieren!« Administrative Vorgaben gab es dafür nicht. Die Kollektive sollten diskutieren und politisch überzeugt werden, sich stärker als bislang zu engagieren. Schließlich hatten sich die Rahmenbedingungen verändert. Man war jetzt Herr im eigenen Hause, konnte besser planen und verteilen.

Das äußere Bild der nächsten Wochen war bestimmt durch politische Ruhe und den Bau der Sicherungsanlagen entlang der gesamten Grenze zwischen der DDR und Westberlin sowie zur Bundesrepublik.

Chruschtschows These, Westberlin befinde sich auf dem Territorium der DDR, wurde durch die Übertragung bestimmter hoheitlicher Aufgaben unterstrichen. DDR-Grenzpolizisten kontrollierten nunmehr auch Militärangehörige der Westmächte beim Überschreiten der Staatsgrenze, die für die westlichen Vertreter unverändert die Sektorengrenze war. Das stach denen mächtig in die Nase.

Am 22. Oktober, einem Sonntag, passierte Folgendes: Allan Lightner, stellvertretender Chef der US-Mission, wollte mit seiner Frau in Ostberlin die Aufführung einer tschechoslowakischen Theatertruppe besuchen, schrieb der *Spiegel* vierzig Jahre später. Im blauen Volkswagen sei er am Übergang Friedrichstraße vorgefahren. Da »verlangten die DDR-Grenzer von dem Diplomaten den Ausweis. Lightner lehnte ab und fragte nach einem sowjetischen Offizier. Doch die Grenzer riefen niemanden herbei. Zivilisten in offiziellen US-Fahrzeugen sollten sich neuerdings bei ihnen ausweisen – und damit die DDR-Hoheit über Ostberlin anerkennen.

Mehrfach versuchte Lightner vergeblich, den Kontrollpunkt zu passieren. Erst als ihn acht US-Militärpolizisten mit aufgepflanztem Bajonett eskortierten, sprangen die DDR-Grenzer zur Seite.« Der *Spiegel* zitiert ihn mit den kraftmeierischen Worten: »Hätten sie auf einen von uns geschossen, hätten wir sie alle töten müssen.«

Das Hamburger Nachrichtenmagazin schrieb in seiner Ausgabe 43/2001 weiter: »Die US-Diplomaten in Berlin waren überzeugt, dass die neue Schikane im Auftrag Moskaus erfolgte – sie sahen darin einen Versuch, amerikanische Rechte erst in Ost- und später in West-Berlin zu annullieren. Der Berlin-Beauftragte des Präsidenten John F. Kennedy, General Lucius D. Clay, wollte diese Herausforderung annehmen. ›Die Russen‹, schärfte er seinen Leuten ein, ›verstehen nur eine Sprache, und das ist Gewalt‹.

Clay ließ in den nächsten Tagen amerikanische Panzer mit breiten Planierschaufeln in vollem Tempo auf die Grenzabsperrungen zurasen und erst wenige Zentimeter vor der Sektorengrenze stoppen. Siebenmal erzwangen seine Soldaten die Einreise nach Ostberlin.

Vor einem Krieg hatte Clay keine Angst. ›Wenn die Russen ihn nicht wollen, können wir ihn nicht beginnen‹, lautete seine simple Logik, ›wenn sie ihn wollen, können wir sie davon nicht abhalten‹.«

Clay hatte, was in Moskau bekannt war, Anfang Oktober im Grunewald Grenzbefestigungen nachbauen und an diesen Grenzdurchbrüche üben lassen. Als am 25. Oktober gegen 8.30 Uhr US-Panzer vom Typ M-48 auf den weißen Strich in der Friedrichstraße zudonnerten, rollten auch sowjetische Panzer vom Typ T-54 heran. Zum ersten Mal seit Beginn des Kalten Krieges waren Kanonenrohre der beiden Supermächte und damit der NATO und des Warschauer Paktes aufeinander gerichtet.

Bei einer Podiumsdiskussion 2010 in Moskau, bei der ich neben Valentin Falin saß, sagte der einstige Spitzendiplomat der Sowjetunion: »Wir waren nur 80 Meter vom Dritten Weltkrieg entfernt.«

Angeblich oder tatsächlich handelte Clay eigenmächtig und ohne Auftrag Kennedys. Dieser pfiff ihn zurück. »Während sich die amerikanischen und sowjetischen Panzer die ganze Nacht in Berlin gegenüberstanden, ließ Kennedy dem Kreml-Chef über einen KGB-Verbindungsmann ausrichten, dass er an einer Beilegung der Krise interessiert sei. Chruschtschow glaubte ihm und ordnete den Rückzug an«, hieß es im *Spiegel*. »Am nächsten Vormittag, zehn Minuten vor elf Uhr, setzten die Panzer der Sowjetarmee zurück. Eine gute Stunde später drehten die Amerikaner ab. Auch sie fühlten sich als Sieger.« Und dann folgte, wie gewohnt, im Schlusssatz die Pointe, mit der

Clay zurecht bloßgestellt wurde: »Die Idee, dass der Sowjetchef die Krise gar nicht wollte, kam dem General nicht.« Damit traf man den Kern: Keine der beiden Seiten, weder die USA noch die UdSSR, wollte einen heißen Krieg für oder um Westberlin riskieren.

Zehn Jahre später zeigte sich: Die Grenzsicherungsmaßnahmen hatten die Welt verändert. Am 3. September 1971 unterzeichneten nach fast zweijährigen Verhandlungen die Botschafter der vier Siegermächte das Abkommen über Westberlin. In der SED war seit Mai 1971 Erich Honecker 1. Sekretär des ZK. Die politischen Grundlagen, die von Seiten der DDR für ein solches Abkommen nötig waren, hatte noch sein Vorgänger Walter Ulbricht gelegt.

Im September 1973 wurden die DDR und die BRD als Mitglieder der Vereinten Nationen gleichberechtigt in die Völkergemeinschaft aufgenommen. Bald war die DDR diplomatisch weltweit anerkannt. Sie war zeitweilig nichtständiges Mitglied des Sicherheitsrates und stellte mit Peter Florin den Präsidenten der Vollversammlung. Sie wurde außenpolitisch als eine Friedenskraft geachtet. Niemals wurden in der UNO angebliche Verstöße gegen die Menschenrechte in der DDR erörtert.

III.

Ich kann nur wiederholen, was ich 2001 auf einer Geschichtskonferenz zu den sogenannten Mauertoten erklärte: »Jeder Tote war einer zu viel, und jeder von ihnen verdient Trauer wie auch seine Nächsten aufrichtiges Mitgefühl verdienen. Menschliches Leben ist einmalig, verlorenes kann nicht und durch nichts zurückgeholt werden. Tiefe, schmerzliche Wunden, die gerissen wurden, verheilen schwer und zuweilen auch gar nicht.«

Das gilt auch für die Grenzsoldaten, die darauf achteten, dass die Staatsgrenze und die damit verbundenen

Gesetze und Anordnungen respektiert wurden. Denn was sollen Gesetze, auf deren Einhaltung niemand achtet und deren Missachtung oder gar Bruch folgenlos bleibt? Und da es sich um ein System- und Bündnisgrenze handelte, war ihr Einsatz zugleich auch ein Beitrag zur Friedenssicherung. Die meisten Kriege in der Geschichte begannen bekanntlich mit einem Grenzkonflikt.

Insofern war die nach 1990 einsetzende juristische Verfolgung von Angehörigen der Grenztruppen der DDR und ihren politischen Vorgesetzten ausschließlich ideologisch motiviert. Dagegen setzten sich viele zur Wehr. Meine und auch Egon Krenz' Aufforderung an Gorbatschow, sich zur politisch-juristischen Verfolgung zu äußern, fand zunächst Resonanz. Gorbatschow war schließlich seit 1985 Oberbefehlshaber des Warschauer Vertrages, in dessen Auftrag die Grenze 1961 befestigt und bis zum 9. November 1989 gesichert worden war. Das Grenzregime war nach sowjetischen Vorgaben installiert und aufrecht erhalten worden.

Im Januar 1991, vor der Ratifizierung des Zwei-plus-Vier-Vertrages durch die Parlamente, waren Bruno Mahlow und ich zu Gesprächen in Moskau. Bei dieser Gelegenheit wies ich auf die beginnende Verfolgung von Hoheitsträgern der DDR hin. Der Oberste Sowjet gab daraufhin eine Erklärung ab, in der die Erwartung ausgesprochen wurde, dass im vereinten Deutschland kein DDR-Bürger wegen seiner aus politischer Überzeugung ausgeübten Tätigkeit verfolgt werden würde.

Ich fragte anschließend Bundesaußenminister Hans-Dietrich Genscher, wie er zu dieser Erklärung stehe. Seine Antwort: Was bei der Ausarbeitung des Zwei-plus-Vier-Vertrages durch die Sowjetunion nicht eingebracht und darum auch nicht Bestandteil des Vertrages wurde, wird auch mit einer nachträglichen einseitigen Erklärung des Parlaments nicht zum Bestandteil eines völkerrechtlichen Vertrages.

Damit hatte er objektiv recht, auch wenn es bitter war.

Der Jahrestag der Grenzschließung zwischen Warschauer Vertrag und NATO einschließlich des Baus einer Mauer um Westberlin sollte Anlass sein, nicht nur über den historischen Vorgang sachlich zu urteilen, sondern in diese Überlegungen Gegenwart und Zukunft einzubeziehen. Ist der Kalte Krieg, der doch angeblich mit dem »Fall der Mauer« 1989 zu Ende ging, wirklich überwunden? Nimmt der Antikommunismus seither nicht zu statt ab? 1993 wurde ich wegen »Wahlfälschung« angeklagt und verurteilt. Mein Verteidiger Heinrich Hannover stellte treffend fest: »Die politische Justiz hat die alte antikommunistische Rüstung wieder angelegt und kann nach der Vereinnahmung der DDR nachholen, was selbst in Zeiten des Kalten Krieges nicht möglich war: die Abstrafung aller kommunistischen Funktionäre auf dem ehemaligen Hoheitsgebiet der DDR.«

Wird mit dieser offziellen Haltung heute nicht Hass gesät statt überwunden? Hass, der uns noch Jahrzehnte begleiten wird, weil er mit Lügen und Halbwahrheiten, Verleumdungen und Denunziationen genährt wird. Zwar wurde die staatliche Einheit 1990 vollzogen, die sozialökonomische und die politische hingegen nicht. Im Gegenteil: die Gegensätze wurden vertieft.

Wir haben keine Einheit, sondern eine Zweiheit, die sich ständig verfestigt.

Ich stelle mir natürlich die Frage nach meiner Verantwortung oder, wie man heute sagt, nach meiner Schuld. Als Abgeordneter der Volkskammer habe ich schließlich am 11. August 1961 für die Schließung der Grenzen gestimmt und 1982 auch für ein Grenzgesetz votiert. Dafür zerrte man mich nicht vor den Kadi.

Weil die Grenze zwischen den militärischen Blöcken Folge und Ausdruck des Kalten Krieg war, an der zwei Seiten beteiligt waren? Der Westen *und* der Osten?

Erich Honecker, in Helsinki zwischen Bundeskanzler Helmut Schmidt und US-Präsident Gerald Ford sitzend, unterzeichnete die Schlussakte der Konferenz für Sicherheit und Zusammenarbeit in Europa. Das weckte auf beiden Seiten Erwartungen bezüglich der Entspannung und auch auf Veränderungen im Umgang mit den Grenzen.

In der offiziellen Stellungnahme der Führung der SED zur Schlussakte wurde die souveräne Gleichheit, der Verzicht auf Androhung oder Anwendung von Gewalt, die friedliche Regelung von Streitfragen und die Nichteinmischung in die inneren Angelegenheiten anderer Staaten herausgestellt. Sie unterstrich, dass die Sicherheit der europäischen Staaten in erster Linie eine Frage der Sicherheit ihrer Grenzen ist. Das war auch ein Argument für die Anerkennung der DDR durch die BRD.

Diese Erwartung erfüllte sich bekanntlich nie.

In der Verweigerung diplomatischer Anerkennung zeigte sich die stärkere Position der Bundesrepublik im Kalten Krieg. Diese Machtposition führte 1990 auch dazu, dass die Chance einer gleichberechtigten Vereinigung nach Artikel 146 Grundgesetz nicht wahrgenommen wurde, sondern ein »Beitritt« erfolgte, womit klar wurde, wer Sieger war und wer Verlierer.

So lebt das Denken (und Handeln) in den Kategorien des Kalten Krieges fort. Statt Versöhnung erfolgt Abrechnung – mindestens bis 2030. Dann werden nämlich die ersten Ostdeutschen das Rentenalter erreichen, die ihr ganzes Arbeitsleben (so sie denn Arbeit hatten) in der vereinten Bundesrepublik zubrachten. Die Jahrgänge davor werden dafür bestraft, in der DDR gearbeitet oder ihr gedient zu haben.

Aber das ist nur ein Moment der Zweiheit.

** Hans Modrow, Jahrgang 1928, FDJ- und SED-Funktionär, 1989/90 Ministerpräsident der DDR*

Leben in der Sperrzone

Von Joachim Traut und anderen

Eine Projektgruppe der Interessengemeinschaft Geschichte des Stadtvorstandes Suhl der PDS, nunmehr DIE LINKE, beschäftigte sich seit den 90er Jahren intensiv mit der Grenzproblematik in ihrer Region.

Das, was sich als Grenze zwischen zwei Staaten auf deutschem Boden herausbildete, war zuerst eine Demarkationslinie zwischen den Westzonen einerseits und der sowjetischen Zone andererseits. Diese Grenze trennte Menschen, die in West- und die in Ostdeutschland lebten. Sie trennte Familien. Das war ein emotionaler Vorgang. Nüchtern und sachlich betrachtet war die Demarkationslinie Folge des am 8. Mai 1945 beendeten Krieges. Ohne den 30. Januar 1933 wäre der 1. Januar 1939 vermutlich nicht der Auftakt zum Völkermord in deutschem Namen geworden.

Dass die Antihitlerkoalition Europa und auch Deutschland selbst von der Nazidiktatur militärisch befreien musste und anschließend das Land in Besatzungszonen aufteilte, hatten sich die Deutschen in Ost wie West mehrheitlich selbst zuzuschreiben. Sie hatten das Terrorregime durch Massenloyalität gestützt. Bis zum bitteren Ende. Dieses Eingeständnis der Mitschuld findet sich auch im Aufruf der KPD vom 11. Juni 1945: »Nicht nur Hitler ist schuld an den Verbrechen, die an der Menschheit begangen wurden! Ihren Teil Schuld tragen auch die zehn Millionen Deutsche, die 1932 bei freien Wahlen für Hitler stimmten. […] Ihren Teil Schuld tragen alle jene deutschen Männer und Frauen, die willenlos und widerstandslos zusahen, wie Hitler die Macht an sich riss, wie er alle demokratischen Organisationen, vor allem die Arbeiterorganisationen, zerschlug und die besten Deutschen einsperren, martern und köpfen ließ. Schuld tragen alle jene Deutschen, die in der Aufrüstung die ›Größe Deutschlands‹ sahen und im wilden Militarismus, im Marschieren und Exerzieren das allein seligmachende Heil der Nation erblickten.«

Halten wir also fest: Nicht die Kommunisten oder eine andere politische Gruppierung hat Deutschland 1945 geteilt, sondern das deutsche Volk in Gänze, weil es mehrheitlich Faschismus und Krieg, Völkermord und Holocaust nicht verhinderte.

I

Im März des Jahres 1952 unterbreitete die Regierung der Sowjetunion in einer Note an die drei Westmächte und die Regierungen der BRD und der DDR den Vorschlag, mit Deutschland einen Friedensvertrag abzuschließen. Die Westmächte und die BRD lehnten diesen Vorschlag ab. Stattdessen erfolgt die Integration der BRD in die westliche »Wertegemeinschaft«.

Als Antwort auf diese Ablehnung und die Wiederbewaffnung der BRD beschloss der Ministerrat der DDR am 26. Mai 1952 die »Verordnung über Maßnahmen an der Demarkationslinie zwischen der DDR und den westlichen Besatzungszonen«.

Der Minister für Staatssicherheit der DDR erließ am 27. Mai 1952 auf der Grundlage der Entscheidungen des Ministerrates der DDR die »Polizeiverordnung über die Einführung einer besonderen Ordnung an der Demarkationslinie«. In dieser Polizeiverordnung wurde eine Sperrzone festgelegt, welche einen 10 Meter breiten Kontrollstreifen, einen Schutzstreifen von 500 Metern und ein fünf Kilometer breites Sperrgebiet umfasste. Im Bereich der Sperrzone galten besondere Bestimmungen für den

Aufenthalt und die Einreise. Es wurden Sperrstunden im 500-Meter-Schutzstreifen und für die 5-Kilometer-Sperrzone eingeführt. Damit waren die Bewohner außerordentlichen Beschränkungen unterworfen, insbesondere in den Abend- und Nachtstunden.

Für die Kontrollen zur Einreise in die 5-Kilometer-Sperrzone war die Deutsche Volkspolizei zuständig. Die Kontrollen zur Einreise in den 500-Meter-Schutzstreifen fielen in die Verantwortung der Deutschen Grenzpolizei.

Im Zusammenhang mit der Einrichtung der Sperrzone erfolgte auf der Basis des Befehls 38/52 des Chefs der Deutschen Volkspolizei vom 26. Mai 1952 die Ausweisung von Personen aus der Sperrzone. Das betraf:

a) Ausländer und Staatenlose,

b) Personen, die polizeilich nicht gemeldet waren,

c) Personen, die kriminelle Handlungen begangen hatten und bei denen zu vermuten war, dass sie erneut straffällig würden,

d) Personen, die eine Gefährdung der antifaschistisch-demokratischen Ordnung darstellten.

Dieser Befehl ist nur aus der Situation des Jahres 1952 heraus zu erklären. Er stellte einen harten Einschnitt im Leben der betroffenen Personen und ihrer Familien dar, zumal sie ihre Wohnungen und Häuser innerhalb weniger Stunden verlassen mussten. Auch wenn die ausgewiesenen Personen und deren Familien generell materiell und finanziell entschädigt wurden, muss dieses Vorgehen als inhuman bezeichnet werden.

Die in der Sperrzone verbliebenen Einwohner erhielten zur Milderung der Einschränkungen (Ein-, Ausreise und Aufenthalt mussten beantragt und genehmigt werden) im gesamten Zeitraum der Existenz dieses Sperrgebietes einen Zuschlag zum Einkommen von 15 Prozent sowie Sonderleistungen. Die staatlichen Organe waren verpflichtet, Sonderversorgungssysteme zu gewährleisten. Darauf wird noch zurückzukommen sein.

Mit diesen Maßnahmen – Beschluss des Ministerrates der DDR und Erlass einer Polizeiverordnung – war ein sicherheitspolitisches Grenzregime nach sowjetischem Muster entstanden, das in den nachfolgenden Jahren ausgebaut wurde. So beschloss der Ministerrat am 21. Januar 1961 die militärische Sicherung der Staatsgrenzen der DDR. Und am 13. August 1961 nahmen Einheiten, Truppenteile und Verbände der Kampfgruppen, der Deutschen Grenzpolizei, der Bereitschaftspolizei, der Volkspolizei und der Nationalen Volksarmee die bis dahin offene Grenze zu Westberlin unter Kontrolle und verstärkten den Schutz der Staatsgrenze zur BRD. Dies geschah im Auftrag des Warschauer Vertrages und mit Unterstützung der in der DDR stationierten Einheiten der Sowjetarmee.

Am 14. September 1961 forderte der Oberkommandierende der Gruppe der sowjetischen Streitkräfte, Marschall der Sowjetunion Konew, in einem Schreiben an den Minister für Nationale Verteidigung der DDR den pionier- und signaltechnischen Ausbau der Grenzabschnitte, einschließlich der Anlage von Minenfeldern. In diesem Zusammenhang wurden noch einmal Bürger aus der Sperrzone, vor allem Bewohner des 500-Meter-Schutzstreifens, ausgewiesen und umgesiedelt. Sie wurden ebenfalls entschädigt.

Am 15. September 1961 wurde die Deutsche Grenzpolizei dem Kommando des Ministeriums für Nationale Verteidigung unterstellt. Dies war ein notwendiger Schritt zur militärischen Sicherung der Staatsgrenze der DDR. In den nachfolgenden Jahren erfolgte der weitere pionier- und nachrichtentechnische Ausbau.

II

Für die Leitungen der SED, die staatlichen Organe und alle gesellschaftlichen Kräfte im Territorium waren die Festlegungen der »Grenzdirektiven« des Zentralkomitees der SED vom 16. Januar 1961, vom 28. Oktober 1971 und vom 1. Oktober 1982 verbindlich.

Entsprechend diesen Festlegungen hatten die staatlichen Organe des Bezirkes Suhl und die der Grenzkreise ihre Verantwortung für die Bewohner des Sperrgebietes und für die im Bezirk Suhl stationierten Einheiten und Truppenteile der Grenztruppen der DDR wahrzunehmen.

Der Bezirk Suhl war mit der Auflösung der Länder im Juni 1952 entstanden. Der kleinste Bezirk der DDR war ein Industriebezirk mit Landwirtschaft und zudem – neben dem Bezirk Rostock – ein bedeutendes Urlaubergebiet. Der Bezirk bestand aus acht Kreisen, davon grenzten fünf (Bad Salzungen, Hildburghausen, Meiningen, Neuhaus und Sonneberg) an die Bundesrepublik. Somit hatte der Bezirk Suhl mit etwa 400 Kilometern im Vergleich mit den anderen fünfzehn DDR-Bezirken und der Hauptstadt die längste Staatsgrenze zur BRD.

Bis 1972 lebten bis zu acht Prozent der Bewohner des Bezirkes im Sperrgebiet.

Das beeinflusste die gesellschaftliche Entwicklung wesentlich. Von 1952 bis 1972 lagen Städte und Gemeinden wie Sonneberg, Eisfeld, Römhild und Dorndorf in der Sperrzone an der Staatsgrenze.

Diese Umstände führten dazu, dass der Bezirk Suhl eine Sonderstellung einnahm, was für die staatlichen Organe im Territorium Konsequenzen hatte. Stets stand die Lage an der Staatsgrenze im Mittelpunkt der politischen, staatlichen und sicherheitsmäßigen Tätigkeit nicht nur in den Grenzkreisen, sondern im gesamten Bezirk. Dafür trugen der Rat des Bezirkes und seine nachgeordneten Einrichtungen und die Räte der Grenzkreise die Verantwortung.

Selbstverständlich wirkten sie mit den Ministerien des Inneren, für Nationale Verteidigung und für Staatssicherheit sowie deren Dienststellen im Bezirk und in den Grenzkreisen zusammen, soweit es Maßnahmen der Grenzsicherung in ihrer Gesamtheit betraf. Darüber hinaus erfolgten erforderlichenfalls gesonderte Abstimmungen mit anderen Ministerien der DDR. Dafür waren auf der Ebene des Bezirkes die dafür zuständigen Ratsbereiche verantwortlich.

Die Sperrzone wurde besonders gefördert. Dazu gab es Pläne der staatlichen Organe, deren Umsetzung streng kontrolliert wurde. Darin ging es beispielsweise um ein besseres Angebot an Lebensmitteln und von Waren des täglichen Bedarfs. Zur vorrangigen Versorgung gehörten auch technische Konsumgüter wie Fernsehgeräte, Waschmaschinen, Tiefkühltruhen, Haus- und Küchengeräte sowie Baumaterialien für den privaten Gebrauch. Diese bevorzugte Versorgung der Bewohner des Sperrgebietes führte zwangsläufig zu Diskussionen und sorgte im übrigen Teil des Bezirkes für schlechte Stimmung.

Hinzu kam die Versorgung der im Bezirk stationierten Grenztruppen der DDR, die vom gesamten Bezirk getragen werden musste. Insbesondere die materiellen Fonds belasteten den Haushalt.

Die Sperrzone band bedeutende gesellschaftliche und materielle Kräfte. Die dortigen Verwaltungen der Städte und Gemeinden mussten mehr Personal beschäftigen, verwiesen sei auf eine hohe Dichte von Abschnittsbevollmächtigten (ABV) der Deutschen Volkspolizei.

Keine andere Kreisstadt in der DDR lag so dicht an der Staatsgrenze wie Sonneberg (die Berliner Stadtbezirke ausgenommen). Am Stadtrand mit seinem Neubauwohngebiet »Wolkenrasen« verlief die Grenze.

Wegen dieser Umstände gehörte der 1. Sekretär der Bezirksleitung Suhl der SED dem Nationalen Verteidigungsrat der DDR an.

III

Der Staatsvertrag zwischen der UdSSR und der DDR hatte 1955 u. a. den Abzug der bis dahin im Bezirk Suhl stationierten Grenzeinheiten der Sowjetarmee zur Folge. Diese sicherten bis dahin gemeinsam mit Einheiten der Deutschen Grenzpolizei die Staatsgrenze der DDR. Ungeachtet dessen verblieben Teile der GSSD bis 1994 an einzelnen Standorten im Territorium.

Bewaffnete Organe der DDR, also Grenztruppen und NVA, waren in 43 Städten und Gemeinden des Bezirkes stationiert.

1975 zog im Grenzkreis Bad Salzungen ein Mot.-Schützen-Regiment (der 4. Mot.-Schützen-Division Erfurt) ein. Die Bezirksstadt Suhl wurde 1984 Standort der Offiziershochschule der Grenztruppen der DDR »Rosa Luxemburg«, die sich bis dahin in Plauen befand.

Zum unmittelbaren Schutz der Staatsgrenze waren stationiert (und dem Grenzkommando Süd mit Sitz in Erfurt unterstellt):

- in Dermbach, Kreis Bad Salzungen, das Grenzregiment 3 »Florian Geyer« mit Grenzbataillonen in Sünna, Kaltennordheim und Geisa;
- in Hildburghausen/Meiningen das Grenzregiment 9 »Conrad Blenkle« mit den Grenzübergangsstellen Meiningen und Eisfeld sowie den Grenzbataillonen in Römhild, Eishausen und Meiningen;
- in Sonneberg das Grenzregiment 15 »Herbert Warnke« mit den Grenzbataillonen Schalkau, Probstzella (Bezirk Gera) und Sonneberg.

Zu diesen Grenzbataillonen gehörten jeweils Grenzkompanien.

Diese Strukturen unterlagen seit den 50er Jahren ständigen Veränderungen, wenngleich die Grundstruktur in der Sperrzone und im grenznahen Raum seit dem Erlass der Polizeiverordnung aus dem Jahr 1952 erhalten blieb.

Auf der westlichen Seite lagen NATO-Streitkräfte und Grenzsicherungsorgane, die – entgegen heutigen Darstellungen, insbesondere in Ausstellungen wie in der einstigen US-Beobachtungsstation »Point Alpha« bei Geisa – nicht unterschätzt werden durften.

Die drei Schwadronen des 14. US-Panzeraufklärungsregiments – stationiert in Fulda, Bad Hersfeld und Bad Kissingen – sorgten für die komplexe Grenzüberwachung von Eschwege bis Coburg. Jede Schwadron richtete eine oder mehrere Beobachtungsstationen entlang der Grenze zur DDR ein. Eine davon war der »Point Alpha«, das Gelände ringsum wurde der US-Army 1965 vom Bundesverteidungsministerium zur Verfügung gestellt. 1972 wechselte das 11. US-Panzeraufklärungsregiment auf diesen Grenzabschnitt: Es hatte seit 1967 im Vietnamkrieg Erfahrungen gesammelt.

Erst 1991 räumte die US-Army den Beobachtungspunkt »Point Alpha«.

Heute ist dort im »Haus auf der Grenze« eine Ausstellung zu sehen, die völlig einseitig Ursachen und Folgen der Teilung Deutschlands darstellt. Sie ist ausschließlich gegen die DDR und deren Grenzregimes gerichtet, über die NATO und ihre Grenzsicherungskräfte, deren Planungen, militärische Aufträge und Anschläge auf die Grenze erfährt man nichts. In der Nähe von »Point Alpha« war Rudi Arnstadt, Hauptmann der DDR-Grenztruppen, am 14. August 1962 im Dienst von einem BGS-Beamten erschossen worden. An seinem Gedenkstein führte ursprünglich der Grenzwanderweg vorbei. Heute macht der Weg jedoch einen weiten Bogen darum, die Informationstafel ist verschwunden.

In der Ausstellung findet sich auch kein Wort des Gedenkens an den Gefreiten Waldemar Esthel aus der Grenzkompanie in der Rhöngemeinde Buttlar unweit von »Point Alpha«. Er war am 3. September 1956 von einem Grenzverletzer aus Spanien ermordet worden.

IV

Die staatlichen Organe und alle gesellschaftlichen Kräfte des Bezirkes und in den Grenzkreisen waren gehalten, eine enge Verbindung zur Einwohnerschaft zu halten und deren durch politische und militärische Maßnahmen beeinflusste und beschränkte Lebensweise zu erleichtern.

In Wahrnehmung ihrer persönlichen Verantwortung für die Einheiten der Grenztruppen unterhielten alle Mitglieder des Rates des Bezirkes eine Patenschaft über ein Grenzbataillon. Zum Jahreswechsel erfolgten Besuche der 1. Sekretäre der Bezirks- und Kreisleitungen der SED sowie der Vorsitzenden der Räte bei Einheiten im unmittelbaren Grenzdienst. Junge Pioniere besuchten regelmäßig die Angehörigen der Grenztruppen in den Objekten, im Gegenzug erfolgten Besuche in den Patenschulen. Viele Berufssoldaten der Grenztruppen arbeiteten als gewählte Abgeordnete in den Volksvertretungen von Städten und Gemeinden in der Sperrzone. Am 8. März, am 1. Mai, am 7. Oktober oder zu anderen gesellschaftlichen Höhepunkten fanden Veranstaltungen der Einwohner mit »ihren« Soldaten statt.

Die »Grenzer« gehörten dazu, sie waren keine »Fremdkörper« oder gar Hassobjekte im Territorium. Nicht wenige von ihnen heirateten und blieben nach Beendigung der Dienstzeit im Ort.

Die FDJ-Gruppen in den Dörfern führten mit denen der Grenztruppen gemeinsame Veranstaltungen und Foren durch. Sie verbrachten die Freizeit miteinander, und dazu gehörte auch die Pflege von heimatlichen Traditionen – vom Tanz in den Mai bis zur Kirmes.

Schriftsteller und Bildende Künstler des Bezirkes wurden Paten von Einheiten der Grenztruppen.

Die Zusammenarbeit zwischen den Einheiten der Grenztruppen und den staatlichen Organen auf Bezirksebene wurde durch jährliche Vereinbarungen festgelegt.

Dies betraf vorrangig den kulturellen Bereich. Darin einbezogen waren die bezirksgeleiteten Kultureinrichtungen wie das Meininger Theater und die Suhler Philharmonie, Kinos, Bibliotheken sowie die Konzert- und Gastspieldirektion. Regelmäßig fanden dazu Erfahrungsaustausche der beteiligten Partner in Objekten der Grenztruppen statt.

Einwohner der Städte und Gemeinden unterstützten die Grenzer als »Freiwillige Helfer der Grenztruppen« und als »Freiwillige Helfer der Volkspolizei« ehrenamtlich. Sie waren für den zuverlässigen Schutz der Staatsgrenze unverzichtbar. Zugleich zeigte sich darin die Verbundenheit der Bürgerinnen und Bürger mit ihrem Staat.

Zur gesonderten Versorgung der Einwohner in der Sperrzone gehörte ein gut ausgebautes Netz von ländlichen Arztpraxen, Polikliniken und Schwesternstationen für die gesundheitliche und medizinische Betreuung und Versorgung.

In allen Orten der Sperrzone existierten öffentliche Allgemeinbibliotheken, die ehrenamtlich, oft von Lehrern, geleitet und von den Stadt- und Kreisbibliotheken ausgestattet wurden. Darüber hinaus standen in Vacha, Dermbach, Kaltennordheim, Kaltensundheim, Römhild, Heldburg, Eisfeld, Schalkau, Mengersgereuth-Hämmern, Neuhaus-Schierschnitz und Gräfenthal von ausgebildeten Bibliothekaren geleitete Zentralbibliotheken zur Verfügung. Von den Bibliotheken wurden Schriftstellerlesungen, insbesondere für Kinder, organisiert. Regen Zuspruch fanden die jährlich organisierte »Woche des Buches« im Mai und die »Tage des sowjetischen Buches« im November.

Bis in die 70er Jahre hinein war der von den Kreisfilmstellen geleitete Landfilm in den Grenzdörfern unterwegs. Filmvorführungen in den Grenzereinheiten konnten auch Einwohner aus der Umgebung besuchen, ebenso die von der Konzert- und Gastspieldirektion des

Bezirkes gebotenen Veranstaltungen zu niedrigen Preisen. Die Kulturhäuser in Kaltennordheim, Geisa und Römhild hatten diesbezüglich einen guten Ruf. In etlichen Grenzorten entstanden in Gemeinschaftsarbeit der staatlichen Organe, Betriebe und LPG Kulturhäuser und kulturelle Einrichtungen für die Bewohner, die rege genutzt wurden. Das Meininger Theater organisierte Fahrten von und nach Geisa und Römhild.

In der Sperrzone und im grenznahen Raum existierte ein gut ausgebautes Schulnetz für eine vergleichsweise geringe Anzahl von Schülern. Die Polytechnischen Oberschulen waren gut ausgestattet. Kinderkrippen- und Kindergartenplätze waren in ausreichender Zahl vorhanden.

Die Landwirtschaftsbetriebe in der Sperrzone boten den Menschen vor Ort Arbeit und Perspektive. Die LPG des Heldburger Unterlandes im Kreis Hildburghausen, aus dem Grabfeld im Kreis Meiningen und die aus dem Kreis Bad Salzungen gehörten zu den besten des Bezirkes.

Dass der Umgang zwischen Grenzsoldaten und Anwohnern vernünftig und freundschaftlich war, beweist auch die Tatsache, dass es 1989/90 zu keinen Übergriffen oder kriminellen Handlungen kam.

Die internationale Resonanz auf den »Mauerbau«

*Von Günter Ganßauge**

Das Bild der Deutschen Demokratischen Republik war im größten Teil der Welt bis 1961 geprägt durch die Anti-DDR-Propaganda der Bundesrepublik Deutschland und deren Alleinvertretungsanspruch. Gemäß der Hallstein-Doktrin wurde Druck auf Staaten ausgeübt, die auch den zweiten deutschen Staat als Völkerrechtssubjekt anerkennen und normale bilaterale Beziehungen zu ihm aufnehmen wollten. Die politischen, diplomatischen und wirtschaftlichen Einflussmöglichkeiten der BRD waren in jener Zeit viel größer als die der DDR.

Die BRD unterhielt bereits in vielen Ländern diplomatische bzw. konsularische und Handelsvertretungen. Eine große Rolle bei der Vermittlung des Deutschlandbildes spielten die in vielen Ländern etablierten Goethe-Institute und der Einfluss von BRD-Medien, die auch im Ausland verbreitet wurden. Hinzu kamen die Informationszentren in Westberlin und in der BRD. In der Selbstdarstellung präsentierte sich die Bundesrepublik als Staat, der aus den Fehlern der Vergangenheit gelernt und sich in die Gemeinschaft der westlichen Demokratien integriert habe. Sie reklamierte für sich als Rechtsnachfolger des untergegangenen Reiches, für alle Deutschen zu sprechen, die in den Grenzen von 1937 lebten. Alle Territorien, die jenseits des Harzes lagen, also nach Bonner Lesart »jenseits des Eisernen Vorhangs«, und die dort lebenden Menschen sollten »vom kommunistischen Joch« befreit werden. Bezeichnend dafür ist das »Freiheitsgelöbnis«, das der Rundfunk im amerikanischen Sektor (RIAS) zum Geläut der Freiheitsglocke im Schöneberger Rathaus jeden Sonntag um 11.58 Uhr ausstrahlte: »Ich glaube an die Unantastbarkeit und an die Würde jedes einzelnen Menschen. Ich glaube, dass allen Menschen von Gott das gleiche Recht auf Freiheit gegeben wurde. Ich verspreche, jedem Angriff auf die Freiheit und der Tyrannei Widerstand zu leisten, wo auch immer sie auftreten mögen.«

Die Glocke, das nur nebenbei, ging offiziell auf eine Spendenaktion von Privatleuten in den USA zurück. Tatsächlich kamen Idee und Geld von der US-Regierung und der CIA. Sie war ein Propaganda-Element im »Kreuzzug für die Freiheit«, also im Kampf gegen den Kommunismus.

Am 13. August 1961 kam mit der »Mauer« ein neues Element hinzu. Am Beginn stand die Lüge, der Osten habe damit die Stadt Berlin gespalten. Dann kamen die Vokabeln hinzu, die noch heute im Schwange sind: Schießbefehl, Terrorregime, Mauertote, Unrechtsstaat …

Im August 1962 wurde die sowjetische Stadtkommandantur in Berlin aufgelöst. An ihre Stelle trat ein Stadtkommandant der NVA. Das war Helmut Poppe, der diese Funktion bis 1971 ausübte. Ihm folgten Artur Kunath (1971–1978), Karl-Heinz Drews (1978–1988) und Wolfgang Dombrowski (1989–1990).

Die Stadtkommandantur verfügte über eine Unterabteilung Auslandsinformation, die bauftragt war, eine Einrichtung am Brandenburger Tor zur Information ausländischer und westdeutscher Gäste zu schaffen.

Weitere Besichtigungsmöglichkeiten gab es am Potsdamer Platz (S- und U-Bahn im Untergrund des britischen Sektors) und am Grenzübergang Friedrichstraße, der für Angehörige der Besatzungstruppen, für Ausländer und Diplomaten eingerichtet worden war und sich im amerikanischen Sektor befand. Die dritte Informationsstelle befand sich in der Reinhold-Huhn-Straße, dort, wo der Unteroffizier der Grenztruppen Reinhold Huhn am 18. Juni 1962 während des Dienstes ermordet worden war. Zwei weitere Informationspunkte befanden sich an der Marschallbrücke, von wo aus man den Grenzübergang auf der Spree einsah, und am Grenzübergang in der Invalidenstraße.

Die Visiten erfolgten gemäß Besucherordnung der Stadtkommandantur Berlin. Sie legte fest, welche Institutionen sich anmelden durften, und wie der Besuch in der Regel abzulaufen hatte. Anfangs waren 90 Minuten vorgesehen. Das war aufgrund der vielen Anmeldungen jedoch nicht zu schaffen, deshalb musste die Besuchszeit auf 60 Minuten reduziert werden.

Bei der Besichtigung der Staatsgrenze am Brandenburger Tor bestand für die Besucher die Möglichkeit, mit diensttuenden Soldaten zu sprechen.

Im Informationsvortrag wurde besonders auf die globale Auseinandersetzung zwischen Kapitalismus und Sozialismus, die Lage in Europa, die Bedeutung der Grenze zwischen den beiden Militärpakten und die Rolle Westberlins eingegangen. Dabei wurde anhand konkreter Fälle über die feindliche Tätigkeit und den grenzüberschreitenden Verkehr informiert. Auf Karten und mit Dokumenten wurden die Gegenmaßnahmen der DDR erklärt, wobei auch Grenzsicherungsanlagen gezeigt wurden.

Fragen der Gäste wurden in der Regel noch während des Aufenthaltes auf dem Besucherpodest oder beim Eintrag ins Gästebuch beantwortet.

Ab 1976 gab es zur Ergänzung eine Ausstellung am Brandenburger Tor. Sie informierte über die Geschichte des Tores und über die Feindtätigkeit.

Von Januar 1963 bis Oktober 1989 besuchten über 30.000 Delegationen mit mehr als 120.000 Personen aus fast 130 Staaten unser Informationszentrum am Brandenburger Tor. Davon kamen rund 30 Prozent aus sozialistischen Staaten.

Bis auf wenige Ausnahmen trugen sich alle im Gästebuch ein.

Unter den Gästen waren Staats- und Ministerpräsidenten, Minister, Parlamentarier, Parteifunktionäre und Vertreter verschiedener Organisationen sowie Persönlichkeiten des gesellschaftlichen Lebens. Beispielsweise Monsieur Huysmanns, belgischer Staatsminister und Parlamentspräsident, Senor Arbenz, ehemaliger Präsident Guatemalas, Mr. Abou Khahil, Generalsekretär des libanesischen Parlaments, Mr. T. Amarqsuriya, Senatspräsident Sri Lankas, die Kosmonauten Juri Gagarin und Valentina Tereschkowa, Prinzessin Noradom Phupha Devi aus Kambodscha, der englische Schriftsteller Graham Greene, der türkische Nationaldichter Nazim Hikmet, die sowjetischen Schriftsteller Scholochow und Simonow.

Die Besuche der ausländischen Gäste verliefen in einer sachlichen, mitunter freundschaftlichen Atmosphäre.

Die häufigsten Fragen beschäftigten sich mit der geografischen Lage (Warum liegt Westberlin auf dem Territorium der DDR?) und der Spaltung Berlins 1948/49 durch Währungsreform und Blockade bis zum kleinen Besatzungsstatut der Westmächte für Westberlin vom 14. Mai 1949. Der 13. August 1961 und die damals erfolgten Maßnahmen interessierten erstaunlich wenig.

Bis 1975 wurden Monatsberichte über die am häufigsten gestellten Fragen angefertigt. Der vom Oktober 1963 sah beispielsweise so aus: Ist das Verhalten der einzelnen Besatzungstruppen in Westberlin unterschiedlich? Wie viele Menschen kommen aus dem Westen in die DDR?

Britische Gäste teilten mit: »In der britischen Presse wurde der Unterhausabgeordnete Kelly schwer angegriffen, weil er in das Gästebuch am Brandenburger Tor geschrieben hatte: ›Wir haben die Mauer gesehen und die Notwendigkeit erkannt.‹«

Franzosen fragten: Warum gibt es in Westberlin an der Mauer auch Stacheldraht? Warum gibt es Zöllner in

Westberlin? Dürfen Bürger der DDR nach Westberlin? Wie weit dürfen Bürger der DDR an die Grenze heran? Wird sofort ohne Anruf geschossen? Wie hoch sind die Strafen bei versuchter Republikflucht? Dürfen Flüchtlinge aus Westdeutschland und Westberlin zurück, und wie werden sie bestraft? Was gibt es für Schießbefehle? Wie verhalten sich die französischen Besatzungssoldaten? Gibt es an der Außengrenze auch Grenzmauern? Hat die britische Stadtkommandantur eine Stellungnahme zum Schuss am 7. Oktober am Brandenburger Tor abgegeben? Stimmt es, dass die Westberliner Polizisten und Zöllner schon einmal auf eine französische Delegation angelegt haben?

Kenianer: Zu welchem Zweck wurden die Luftkorridore geschaffen? Wie werden die Verbindungswege durch die DDR genutzt, welche Papiere sind notwendig, wie wird der Verkehr von der DDR kontrolliert? Gibt es noch Handelsbeziehungen der DDR mit Westberlin? In welchem Umfang? Warum wird es Bürgern der DDR nicht gestattet, nach Westberlin oder Westdeutschland zu fahren?

Syrer: Wie kam es zur Spaltung Deutschlands und Berlins, wer trägt die Schuld?

Kambodschaner: Wie ist Adenauer nach Westberlin gekommen? Gibt es an der Außengrenze auch eine Grenzmauer?

Westdeutsche: Warum kann die DDR im Kontrollpassierpunkt (KPP) auf dem Territorium der DDR nicht auch für Westberliner Passierscheine ausgeben? Warum wird geschossen, wenn Bürger nach Westberlin wollen? Wie war das mit dem Fall Fechter?

Chinesen: Wo ist das Hauptquartier der USA? Welche Verbindungen gibt es von Westberlin durch die DDR?

Polen: Wie stark sind die militärischen Kräfte in Westberlin? Welche Rolle spielen die Flughäfen in Westberlin?

Sowjetbürger: Wo gibt es noch Kontrollen durch sowjetische Soldaten? Wird der Luftverkehr kontrolliert?

Tschechen: Welche Zugänge gibt es nach Westberlin? Gibt es noch DDR-Bürger, die nach Westberlin gehen? Wird ein Durchreisevisum benötigt, wenn Westdeutsche nach Westberlin wollen? Welche Westberliner kommen noch in die Hauptstadt der DDR? Weshalb stimmt in Staaken die Staatsgrenze nicht mit der Stadtgrenze überein? Gibt es Versuche von Kontaktaufnahmen über die Grenze? Hat sich der englische Stadtkommandant entschuldigt wegen des Schusses am 7. Oktober, durch den tschechische Bürger gefährdet wurden?

Eine Übersicht über die Fragen, die im gesamten Zeitraum eine Rolle spielten, macht deutlich, wie breit das Interesse gefächert war. Dabei wurden viele Probleme angesprochen, die über den Grenzdienst hinausgingen:

- Welche rechtlichen Grundlagen gibt es für die Anwesenheit westlicher Truppen in Westberlin?
- Wie vollzog sich die Spaltung Berlins?
- Warum wurde die Grenze nicht früher geschlossen?
- Gibt es offizielle Kontakte nach Westberlin, wenn ja, welche?
- Welche wirtschaftlichen Verbindungen gibt es nach Westberlin?
- Wie viele Besatzungstruppen mit welcher Bewaffnung sind in Westberlin? Sind es NATO-Kontingente?
- Wie stark sind Polizei und Zoll in Westberlin?
- Wie viele Armee- und Polizeikräfte sind in der Hauptstadt der DDR?
- Warum wurden 1961 die Passierscheinstellen vom Westberliner Senat geschlossen, die dann bei den Passierscheinabkommen genehmigt wurden?
- Wer hat in welchem Umfang die Reparationen an die Siegermächte bezahlt?
- Was kostet die Sicherung der Grenze zu Westberlin die DDR?

- Warum ist der Reichstag in Westberlin?
- Unter welchen Bedingungen können DDR-Bürger nach Westberlin bzw. in die BRD verziehen?
- Wie stellt sich die DDR die Lösung des Westberlin-Problems vor?
- Unter welchen Voraussetzungen wird geschossen?
- Wie ist es möglich, dass Fahrzeuge nach Westberlin durchbrechen?
- Wie werden die Grenzübergänge geschützt?
- Wie wird der grenzüberschreitende Verkehr kontrolliert?
- Wurden die Spionagezentralen in Westberlin auch in anderen sozialistischen Ländern aktiv?
- Gibt es an der Grenze in Berlin Minen?
- Welche Forderungen sind mit dem Vorschlag verbunden, Westberlin in eine Freie Stadt zu verwandeln?
- Wie reagiert die DDR auf die Provokationen?
- Welche Rolle spielen die Kampfgruppen? Wie stark sind sie?
- Wie ist die soziale Zusammensetzung der NVA?
- Wie sind S- und U-Bahn im grenzüberschreitenden Verkehr gesichert?
- Gibt es Differenzen zwischen den Besatzungstruppen in Westberlin?
- Nutzen die Engländer und Franzosen die Autobahnen der DDR auch für Provokationen wie die Amerikaner?
- Besteht die Möglichkeit, über Provokationen Material (Bilder usw.) zu erhalten?
- Wie stark ist der Besucherverkehr aus dem westlichen Ausland?
- Warum gibt es im französischen Sektor keine revanchistischen Organisationen?
- Warum gibt es keinen Übergang für Ostberliner?
- Warum lassen wir Menschen, die Gegner der DDR sind, nicht nach Westberlin?

- Werden die Agentenzentralen und revanchistischen Organisationen nicht überschätzt?
- Wie wurde der Schwindelkurs ausgenutzt?
- Wie starben die Grenzsoldaten Peter Göring, Reinhold Huhn und Egon Schultz?
- Wie viele Tunnel wurden gegraben – wie viele von Ost und von West?
- Gibt es Menschen, die vom Westen für immer in die DDR kommen? Wie viele?
- Wem untersteht in Westberlin die Reichsbahn und die S-Bahn? In welcher Währung werden die Tickets bezahlt?
- Die DDR spricht von Nazis in der BRD und Westberlin, in der NDPD der DDR sind doch auch viele ehemalige Nazis?
- Werden Grenzsoldaten besonders ausgesucht und geschult? Wie hoch ist ihre Entlohnung?
- Wie groß ist die dienstliche Belastung der Soldaten?
- Beteiligen sich an Provokationen auch Westberliner Arbeiter?
- Warum wurde Adenauer an der Grenze so provokatorisch begrüßt?
- Welche Rolle spielte die Westberliner Polizei bei Bombenanschlägen gegen die DDR?
- Wie wirken sich die Maßnahmen in der DDR aus?

Die Auslandsinformation der NVA trug ihren Teil im Ringen um die diplomatische Anerkennung der DDR bei. Fast alle Delegationen, die in die DDR kamen, um über die Aufnahme diplomatischer Beziehungen zu verhandeln, waren am Brandenburger Tor. Einige kamen anonym, andere im Schutz der Dunkelheit, um nicht von drüben erkannt zu werden. In jedem Fall wurde am Brandenburger Tor für die Anerkennung gearbeitet.

Das fand auch seinen Niederschlag in den Eintragungen im Gästebuch.

»Wir sind dankbar für den Friedensdienst, der hier geleistet wird.«

16. März 1963
Ungarische Geistliche unter Leitung von
Bischof Dr. Lajos Vetö

»Aus tiefstem Herzen beten wir darum, dass der Frieden in Berlin so schnell wie möglich wiederhergestellt wird und dass nach einigen Jahren die Zeit kommt, da die unschuldigen Kinder daran zweifeln, dass es so etwas gegeben hat, wie uns der begleitende Offizier erklärte.

Lasst uns unsere Kräfte für den Frieden mehr und mehr verstärken.«

10. Februar 1963
Japanische Gruppe des Friedensmarsches
Auschwitz – Hiroshima

»Unsere Gruppe, die mit der Absicht herkam, die Jugendbewegung in der DDR zu studieren, dankt sehr herzlich und ist sehr verbunden für die ausführliche Darlegung, die am berühmten Friedenstor gemacht worden ist.

Wir wünschen, dass der Frieden in sehr naher Zukunft für Berlin gesichert wird.«

24. Februar 1963
Delegation des Ministeriums für Volksbildung Burma

»Es war sehr interessant, alles mit eigenen Augen zu sehen. Wir werden nach Hause fahren und dort die Wahrheit über das sagen, was wir gesehen haben. Das ist besser, als alle Lügen in der Presse zu lesen.«

27. Februar 1963
Schwedische Gewerkschaftsdelegation

»Ich bin überzeugt, dass die Erklärungen, die uns gegeben wurden, richtig sind, und als Belgier denke ich, dass für Westdeutschland die Zeit gekommen ist, mit den Provokationen Schluss zu machen. Und auch niemand in den unabhängigen Ländern kann anders denken als ich. Wir wünschen, dass uns ein dritter Krieg erspart bleibe. Und darum bin ich in Ostdeutschland erschienen. Wir hassen niemanden, aber wir wollen als kleine Nation Frieden.«

23. Juni 1964
Huysmanns
Belgischer Staatsminister und Parlamentspräsident

»Wir haben die Staatsgrenze der DDR am Brandenburger Tor besucht und möchten zum Ausdruck bringen, dass wir die Maßnahmen der DDR vom 13. 8. 61 verstehen, und sind davon überzeugt, dass sie dem Frieden dienen. Wir Studenten aus 18 Ländern sehen heute in der DDR einen festen und starken Freund unserer Völker.«

1. Juni 1963
Internationale Studentendelegation

»Zwei Architekten und ein Ingenieur aus Frankreich, die zu Besuch in Berlin weilen, drücken dem deutschen Volk in der DDR und seiner demokratischen Armee in ihrem hohen Friedensstreben ihre volle Solidarität aus.«

26. Oktober 1963
Besucher aus Frankreich

»Für uns war es ein großes Erlebnis, sachliche Aufklärung über die Mauer in Berlin zu erhalten. Eine Aufklärung, die man in der westlichen Welt nicht bekommt. Vielen Dank für diese Ausführungen.«

1. Mai 1965
Delegation aus Dänemark

»Es ist auch für uns in Holland beruhigend zu wissen, dass die DDR mit so viel Selbstbewusstsein und so viel Selbstbeherrschung ihre Grenze schützt. Wieso soll denn eine Mauer eine Gefahr sein? Eine Mauer kann doch nur gegen Angriffe schützen.«

8. Oktober 1964
Generalsekretär der Friedensbewegung Hollands

»Das war eine kluge und wirksame Entscheidung gegen den Imperialismus. Für den Frieden, für den Sozialismus.«

8. Oktober 1966
M. Rosette,
Bürgermeister und Leiter der Delegation
aus Vetry-sur-Seine (Frankreich)

»Das ist in der Tat ein Schutzwall des Friedens. Sein Bau und seine Erhaltung haben dazu beigetragen, eines der Hauptzentren der Provokationen zu beruhigen. Dafür sind alle diejenigen, die an der Erhaltung des Friedens interessiert sind, nicht nur die Bürger der DDR, dankbar.«

21. April 1967
Bert Ramelson,
Delegation aus Großbritannien

»In großer Erregung stand ich an der Mauer, die über den Frieden in Deutschland wacht und die den Fortschritt und den Sozialismus vor der Aggression und den Provokationen der Kriegstreiber aus dem Bonner Reich und denen, die hinter ihnen stehen, schützt. Ich wünsche dem neuen Deutschland, der Deutschen Demokratischen Republik, wo der Prozess gegen Globke, den Mörder meines Volkes, stattfand, und wo der Faschismus und Nazismus für immer beseitigt wurden, Wohlergehen, dauerhaften Frieden und Erfolg bei der Verteidigung der gefährlichen Grenze. Besonderer Dank den Grenzsoldaten deshalb, weil sie über den Frieden in Deutschland und der ganzen Welt wachen.«

26. Juli 1963
Hans Lebrecht, Haifa (Israel)

»Die kenianische Handelsdelegation schätzt die Erläuterungen zur jüngsten Geschichte von Berlin. Wir hoffen sehr, dass hier in Berlin bald Frieden durch Verständigung herbeigeführt werden möge.«

22. Oktober 1963
Dr. G. Kiano,
Minister für Handel und Industrie Kenias

»Unser Besuch am Brandenburger Tor war zweifellos das Interessanteste an unserer Reise nach Mittel- und Osteuropa. Wir müssen Ihnen für Ihre prägnante, klare Darstellung danken – Sie können versichert sein, dass wir vielen in Amerika von unserem Besuch und von dem berichten, was wir gelernt haben. – Noch einmal Dank für die unermessliche Gastfreundschaft, die uns die Menschen in der DDR erwiesen haben. Mögen wir immer Frieden haben.«

19. September 1963
Touristen aus den USA

»Die Bevölkerung Ostdeutschlands verhält sich sehr tolerant zu all den Provokationen, weil sie Frieden für sich und für die ganze Menschheit wünscht. Frieden, Freundschaft und das Wohlergehen der Menschheit ist ihr Ziel, und dazu möchten wir sie beglückwünschen.

Ich hoffe, dass das Berlin-Problem im Geist der Beschlüsse der Potsdamer Konferenz geregelt wird. Das wird die beste Garantie für den Frieden sein.«

25. September 1963
Parlamentsabgeordneter aus Indien

»Es gibt keinen Zweifel, dass die Berlin-Frage eines der brennendsten Probleme unserer Zeit ist, die nicht nur im Interesse des Volkes der DDR, sondern im Sinne des Friedens in der ganzen Welt einer Lösung harren. Wir grüßen die Regierung und das Volk der DDR, alle diejenigen, die ihre Grenzen schützen, die trotz ernster und schwerer Provokationen Mut und unendliche Geduld zeigen.«

13. August 1963
Delegation aus Ceylon

»Ich habe in der indischen Presse viel über diese Grenze gehört. Nun kenne ich ihre ganze Ursache, und ich bin der Meinung, dass in dieser Situation nichts anderes getan werden konnte.«

15. Juni 1966
Govind Sahai, S.S. Atwal, Delegation aus Indien

»Wir haben heute konkret die Situation kennenlernen können, die uns in unserer Auffassung bestärkt, dass die Fragen der europäischen Sicherheit vom Standpunkt der völkerrechtlichen Anerkennung der DDR her erörtert werden müssen.«

16. März 1970
Nokelainen, Tyyno Loivo-Larsen, Pekka Virtanen, Olavi Saarinen aus Finnland

»Viele Lügen sind über die Berliner Mauer verbreitet worden. Wir haben uns sehr gefreut, dass Sie über Ihre Probleme offen und ehrlich mit uns diskutiert haben. Im Interesse des Weltfriedens hoffen wir, dass die Spannungen nachlassen werden und dass sich der gesunde Menschenverstand durchsetzen wird.«

8. Februar 1979
Delegation aus Australien

»Wir bewundern in hohem Maße die Einsatzbereitschaft Ihrer Grenzgruppen im Kampf für den Frieden, und wir wünschen Ihnen recht viel Erfolg auch in Ihren künftigen Aktivitäten zur Erhaltung des Weltfriedens.«

20. Oktober 1979
Delegation aus Äthiopien

»Unsere größte Bewunderung und im großen Vertrauen in die Streitkräfte, die in der DDR die Grenze des Sozialismus schützen.«

17. April 1981
Carlos Costa,
Kommunistische Partei Portugals

»Hier am Brandenburger Tor wird klar: Unsere beiden Staaten BRD und DDR brauchen Frieden und Abrüstung.«

Delegation der SDAJ, Südbayern,
in Berlin, Hauptstadt der DDR

»Am Brandenburger Tor kann man sich anschaulich davon überzeugen, wie viel Kraft und Heldenmut der Schutz des ersten sozialistischen Staates auf deutschem Boden vor den Anschlägen des Klassenfeindes erfordert. Die Rechnung der Feinde des Sozialismus darf nicht aufgehen. Der Unterpfand dessen sind das unerschütterliche Bündnis der DDR und der UdSSR sowie das enge Zusammenwirken der Bruderländer im Rahmen des Warschauer Vertrages.

Ewiges Andenken an die Grenzsoldaten, die ihr Leben für die sozialistische DDR gegeben haben.«

26. April 1986
Michail Gorbatschow,
Generalsekretär des ZK der KPdSU

Bis 1985 gab es lediglich fünf Fälle, bei denen die Besucher zum Ausdruck brachten, nicht mit den Maßnahmen der DDR einverstanden zu sein.

Die Eintragungen ins Gästebuch wurden im Beisein der Schreiber übersetzt. Vor Veröffentlichungen wurde die Korrektheit der Übersetzungen noch einmal überprüft.

Auch Journalisten aus der westlichen Welt holten sich Informationen am Brandenburger Tor. Entweder gehörten sie Delegationen an oder meldeten sich als Korrespondenten.

Mindestens zehnmal wurde die gesamte Führung von westlichen Fernsehstationen aufgenommen, ebenso vom Rundfunk, es wurden viele Artikel über den Besuch am Brandenburger Tor geschrieben. Selten waren diese Berichte sachlich. Die meisten waren vom Geist des Kalten Krieges durchdrungen. Nicht anders als heute bestimmten Vorurteile, Halbwissen und Voreingenommenheit die Sicht.

Es bleibt eine historische Tatsache, dass die Maßnahmen am 13. August 1961 die politische Lage klärten, womit für Freund wie Feind die Verhältnisse überschaubar und damit auch kalkulierbar wurden. Die Hallsteindoktrin und damit der Alleinvertretungsanspruch waren auf diese Weise dem Untergang geweiht.

** Günter Ganßauge, Oberstleutnant a. D., von 1962 bis 1985 Leiter des Informationszentrums der Stadtkommandantur Berlin am Brandenburger Tor*

Westberlin war Eigentum der DDR, aber im Besitz der BRD

*Von Klaus Emmerich**

Der Status der Grenzen in und um Berlin war untrennbar mit der Westberlin-Frage verbunden. Unter Status verstehe ich die rechtliche Einordnung: völkerrechtlich oder staatsrechtlich.

Die Grenze um (West-)Berlin teilte sich in drei Teile bzw. Abschnitte:

Innerhalb Berlins verlief die sogenannte Sektorengrenze. Sie trennte den sowjetischen Sektor (auch Demokratischer Sektor oder Demokratisches Berlin, Hauptstadt der DDR) von den Westsektoren.

Der zweite Teil war die Grenze zwischen den benachbarten DDR-Bezirken Potsdam und Frankfurt/Oder und Westberlin.

Der dritte Teil war der Grenzverlauf zwischen der DDR-Hauptstadt und ihrem Umland.

Groß-Berlin grenzte an die (SBZ/DDR-)Kreise Niederbarnim, Beeskow-Storkow, Teltow, Stadtkreis Potsdam und Osthavelland. Später gehörten diese Kreise zum Bezirk Potsdam.

Bis Oktober 1976 bestanden an der »Stadtgrenze der Hauptstadt Berlin« zu den Bezirken Potsdam und Frankfurt insgesamt 23 Kontrollpassierpunkte (KPP), die ständig oder zeitweilig von den zuständigen Organen der DDR besetzt waren. Diese KPP waren nach 1945 von der Sowjetarmee eingerichtet worden. Ihre Funktion bestand darin, Personen zu kontrollieren und ihre Weiterfahrt von und nach Berlin notfalls zu unterbinden. Seit 1. Dezember 1955 übte die Deutsche Volkspolizei die Bewachung und Kontrolle am Außenring von Groß-Berlin aus.

Die Abschaffung der KPP stand im Zusammenhang mit Schritten zur Beseitigung von Überresten des Vier-Mächte-Status von Berlin. Diese Maßnahme diente der weiteren Festigung der Stellung der Hauptstadt Berlin als untrennbarer Bestandteil der DDR. Damit sollte einem angeblichen Sonderstatus für die Hauptstadt der DDR entgegengewirkt werden.

Alle Abschnitte dieser Grenze richteten sich grundsätzlich nach dem Verlauf der Stadtbezirksgrenzen aus dem Jahre 1920. Der Gebietsbestand von Groß-Berlin war im »Gesetz über die Bildung einer neuen Stadtgemeinde vom 27. April 1920« festgeschrieben worden. Acht Stadtgemeinden, 59 Landgemeinden und 27 Gutsbezirke gehörten dazu. Durch § 14 in Verbindung mit Anlage 2 dieses Gesetzes wurde Groß-Berlin in zwanzig Verwaltungsbezirke eingeteilt, die mit einigen Grenzänderungen (hauptsächlich im Jahre 1936) unverändert bestanden und auch die Grundlage für die Sektoreneinteilung durch die vier Alliierten gemäß Londoner Protokoll vom 12. September 1944 bildeten.

Dieses Abkommen wurde zwischen den Regierungen der UdSSR, der USA und des Vereinigten Königsreichs geschlossen und mit dem Beitritt Frankreichs ergänzt. Beide Abkommen bestimmten den Verlauf der Demarkationslinien zwischen den Truppen bzw. den künftigen Besatzungszonen (den späteren Zonengrenzen bzw. der Staatsgrenze zwischen beiden deutschen Staaten) und, was hier von besonderem Interesse ist, die Verwaltung von Groß-Berlin. Es wurde symbolisch in vier Sektoren geteilt, um zu zeigen, dass die »Reichshauptstadt Berlin« nicht mehr existierte. Im Londoner Protokoll hieß es dazu:

»Das Berliner Gebiet (unter welchem Ausdruck das Territorium Groß-Berlin, wie im Gesetz vom 27. April 1920 definiert, zu verstehen ist) wird gemeinsam von den bewaffneten Streitkräften der USA, des UK und der UdSSR, die durch die entsprechenden Oberkommandierenden dazu bestimmt werden, besetzt.«

Zum sowjetischen Sektor gehörten die Stadtbezirke Mitte, Prenzlauer Berg, Friedrichshain, Treptow, Köpenick, Lichtenberg, Weißensee und Pankow. Er grenzte an die Kreise Niederbarnim, Beeskow-Storkow und Teltow.

Zum amerikanischen Sektor gehörten die Stadtbezirke Kreuzberg, Zehlendorf (mit einer Exklave auf dem Gebiet der SBZ), Schöneberg, Steglitz, Tempelhof und Neukölln. Er grenzte an die SBZ-Kreise Teltow, Stadtkreis Potsdam und Osthavelland.

Den britischen Sektor bildeten die Stadtbezirke Tiergarten, Charlottenburg, Spandau (mit zwei Exklaven auf dem Gebiet der SBZ) und Wilmersdorf. Er grenzte an den SBZ-Kreis Osthavelland.

Zum französischen Sektor gehörten die Stadtbezirke Wedding und Reinickendorf. Er grenzte an die SBZ-Kreise Osthavelland und Niederbarnim.

Groß-Berlin war bekanntlich allein von der Roten Armee befreit worden. Es fand auch kein Gebietsaustausch mit den Westalliierten statt, damit diese in Berlin ihre Sektoren erhielten. Berlin war vor Ende des Krieges zum Sitz des Alliierten Kontrollrates, der temporären Übergangsregierung, bestimmt worden. Als die Londoner Kommission die Besatzungszonen festlegte, gingen die Großen Drei davon aus, dass diese nur zeitweiligen Charakter besitzen würden, und maßen diesen Festlegungen keine große Bedeutung bei, was sich schon bald als verhängnisvoller Irrtum erweisen sollte.

Groß-Berlin war, juristisch betrachtet, in Gänze Bestandteil der sowjetischen Besatzungszone. Daran änderte sich auch bis zum Ende der DDR nichts.

Westberlin war ein »Sondergebilde mit einem besonderen Status, das nicht irgendeinem anderen Staat angehört und das unter Besatzungsregime steht, was das Leben dieser Stadt prägt«, wie es 1974 bei Viktor Wyssozki heißt. Mit der Formel »irgendeinem anderen Staat« machte der russische Historiker deutlich, dass Westberlin nicht zur BRD gehörte und kein Bundesland der BRD war.

Weit entfernt von einer nüchternen Beurteilung vertrat und vertritt die Mehrzahl westdeutscher Autoren Positionen, die logischerweise die Politik der drei Westalliierten und der BRD nicht nur tendenziös abbilden. Oft werden in der Darstellung sogar Tatsachen verfälscht und verschwiegen. Zu diesen unhaltbaren Thesen gehören:

- Der Fortbestand des Deutschen Reiches bleibt unbestreitbar und ist durch das Grundgesetz für die BRD »abgesichert«.
- Es ist unrichtig, dass Berlin auf dem Gebiet der SBZ bzw. der DDR lag. Die Eingliederung von Berlin (Ost) in die DDR war rechtswidrig und entsprach nicht den alliierten Vereinbarungen.

Rechtsstandpunkte sind Positionen, die nicht unbedingt mit der Realität des täglichen (politischen) Lebens übereinstimmen müssen. Wenn aber der Staatsrechtler und ehemalige Bundesverteidigungsminister Rupert Scholz 1995 bestritt, dass Berlin auf dem Gebiet der SBZ bzw. der DDR lag, stellt sich die Frage: Wo denn sonst?

Berlin war die Hauptstadt der DDR und lag auf dem Hoheitsgebiet, Territorium und Staatsgebiet der Deutschen Demokratischen Republik.

Wie Scholz bin ich allerdings auch der Ansicht, dass die Grenze um Westberlin keine Staatsgrenze war, an der die Regeln des Völkerrechts galten.

Diese Feststellung ist unabhängig von der Benennung dieser Grenze etwa durch die DDR-Organe.

Die Kräfte der Volkspolizei sicherten laut Befehl des Innenministers 001/61 vom August 1961 die »Grenze zwischen der DDR und dem demokratischen Berlin sowie zwischen dem demokratischen Berlin und Westberlin«

bzw. die »Grenzen am Außenring von Groß-Berlin und an der Staatsgrenze West«. Etwas später sprach derselbe Minister von der »Staatsgrenze nach Westberlin« und der »Grenze der Hauptstadt der DDR (Demokratisches Berlin), dem Bezirk Potsdam und Westberlin«.

Dazu muss definiert werden, was unter dem Begriff einer völkerrechtlichen Staatsgrenze zu verstehen ist.

Im § 1 des Grenzgesetzes der DDR von 1982 wird das Hoheitsgebiet als Festlandgebiet einschließlich des Erdinnern und der Binnengewässer und dem Luftraum darüber, definiert. Diese Definition steht in voller Übereinstimmung mit den gewohnheitsrechtlichen und völkerrechtlichen Kriterien für Staatsgrenzen. Jede Staatsgrenze zwischen Staaten reicht theoretisch bis zum Erdmittelpunkt und in den Weltraum. Inwieweit diese völkerrechtlichen Kriterien auf die Grenze um Westberlin zutrafen, soll im Folgenden erläutert werden.

Tatsache bleibt aber, dass weder der Luftraum über noch das Erdinnere unter Westberlin irgendeine Wirkung auf die Grenze um Westberlin hatte. Weil das so war, vertrete ich den Standpunkt, dass die Grenze um Westberlin *staatsrechtlichen* Charakter hatte.

Da Westberlin Teil des Hoheitsgebietes der DDR war, konnte die Grenze auch kein Hoheitsgebiet abteilen. Sie hatte einzig und allein staatsrechtlichen Charakter. D. h. ausschließlich Verfassung und Gesetze der DDR waren bestimmend.

In diesem Zusammenhang wird darauf aufmerksam gemacht, dass die Sicherung einer Grenze (als Teil des Grenzregime eines Staates) nichts mit dem Charakter oder der üblichen Bezeichnung der davor befindlichen Grenzlinie zu tun hat.

Im Grenzgesetz der DDR wurde eine Anwendungsregel in den Schlussbestimmungen vermerkt, die besagte, dass die Bestimmungen dieses Gesetzes »an der Staatsgrenze zu Berlin (West) entsprechend anzuwenden [sind]. Bestehende Rechte und Zuständigkeiten in Berlin (West) werden davon nicht berührt.«

Dass diese Anwendungsregel aus der innerstädtischen Sektorengrenze eine Staatsgrenze zur Hauptstadt der DDR machte, bleibt hier unberücksichtigt. Es bleibt aber die Frage offen, ob es innerhalb eines Staates eine Staatsgrenze geben kann, an der die Regeln des Völkerrechts (insbesondere Abgrenzung im Erdinneren und im Luftraum) gelten?

Das ist nach meiner Überzeugung nicht möglich.

Das gilt auch, wenn man Westberlin als Exklave oder Enklave (von wem?) betrachtet.

»Ganz Berlin, d. h. auch das damalige Westberlin, gehörte nach den Vereinbarungen der Antihitlerkoalition rechtens zur Sowjetischen Besatzungszone. Die Teilnahme von Streitkräften der drei Westmächte an der Besetzung und Verwaltung Berlins, dem Sitz des Alliierten Kontrollrates, änderte an dieser Rechtslage nichts.

Der Alliierte Kontrollrat bestätigte im Februar 1947, dass Berlin die ›Hauptstadt der Sowjetischen Besatzungszone ist‹«, hieß es in einem 1969 verbreiteten internen »Informationsmaterial zum Recht der Volkskammerabgeordneten der Hauptstadt der DDR auf gleichberechtigte Teilnahme an der Arbeit der Volkskammer und zur rechtswidrigen Forderung nach Stimmrecht für Westberliner im westdeutschen Bundestag«, welches 2002 publiziert wurde.

Während eines Gespräches zwischen Egon Bahr und Valentin Falin im August 1970 verwies der Russe darauf, dass es zwei Kontrollratsbeschlüsse aus dem Jahre 1946 und 1947 gebe, in denen Berlin, und zwar ganz Berlin, als Hauptstadt Brandenburgs bzw. der SBZ bezeichnet wurde. Insofern sei die Regierung in Ostberlin legal, während man Westberlin, ohne dass ihm irgendjemand bisher eine Rechtsgrundlage hätte sagen können, losgerissen und zu etwas Eigenem gemacht habe.

Als einzige realistische Grundlage müsse darum gelten: Es gibt die Hauptstadt der DDR und das besondere

Gebilde Westberlin. Es gab keine Besatzungsrechte in Bezug auf die Hauptstadt der DDR. Wenn es Verhandlungen geben sollte, dann würden diese nur hinsichtlich Westberlins geführt.

Der erste Nachkriegs-Magistrat, obwohl mit Sitz in Berlin-Mitte (sowjetischer Sektor), fasste seine Beschlüsse auch für die drei Westsektoren. Anders ausgedrückt: Er war für das gesamte Berlin, für alle vier Sektoren, zuständig. Gemäß seiner »Vorläufigen Verfassung« nannte sich der Magistrat seit 1. November 1946 »Magistrat von Groß-Berlin«. Artikel 1, Absatz 1 lautete: »Groß-Berlin ist für das Gebiet der Stadtgemeinde Berlin alleinige berufene öffentliche Gebietskörperschaft.«

Während der Magistratssitzung am 2. Februar 1946 teilte der Erste Stellvertreter des Oberbürgermeisters mit: »Bei einigen Mitgliedern der alliierten Besatzungsbehörden besteht die Auffassung, dass Berlin in Zukunft sowohl aus politischen wie aus wirtschaftlichen Gründen nicht mehr als Hauptstadt Deutschlands in Frage kommen würde. In diesem Zusammenhang wurde gewünscht, dass die Magistratsmitglieder einmal mitteilen möchten, wie sie sich die Weiterentwicklung Berlins vorstellen. [...] In der Hauptsache wird es sich darum handeln, die Bedeutung herauszustellen, die Berlin als Verkehrsmittelpunkt nicht nur Deutschlands, sondern Europas hat, ferner seine Stellung in wirtschaftlicher und industrieller Hinsicht sowie in Bezug auf den Handel und drittens seine Stellung in geistiger Hinsicht«, wird Karl Maron im Sitzungsprotokoll wiedergegeben.

Das Sitzungsprotokoll vom 25. Juni 1946 zitiert auch den Abgeordneten Katz, der von einer Interzonentagung der Landesplaner berichtete. Dort sei die »einstimmige Erklärung« abgegeben worden, dass unverändert »Berlin als Reichshauptstadt« anzusehen sei.

Wenige Beispiele sollen exemplarisch als Beleg dafür angeführt werden, dass der Magistrat von Groß-Berlin sich für alle vier Sektoren gleichermaßen verantwortlich fühlte und alle Versuche, diese Einheit zu zerstören, zu verhindern versuchte.

Die Lieferungen aus den Besatzungszonen von Roh- und Baumaterialien, auch von Lebensmitteln, »kamen häufig nur den ›zugehörigen‹ Berliner Sektoren zugute oder wurden schwerpunktmäßig zugeteilt«. Lieferungen etwa aus der amerikanischen Besatzungszone in Westdeutschland kamen weitgehend nur dem amerikanischen Sektor in Berlin zugute. Das stieß zu Recht auf den Widerstand des Magistrats. Maron warnte darum in der Vorstandsitzung des SED-Landesverbandes von Groß-Berlin am 16. August 1946: »Wir stehen im Moment vor der Gefahr der Zerreißung Berlins in vier Sektoren. [...] Der Zeitung *Der Morgen* vom 15. August 1946 konnten wir entnehmen, dass die amerikanische Behörde den Industriebetrieben in ihrem Sektor verbietet, für andere Sektoren zu arbeiten.«

Obwohl die meisten Denkmale aus der Zeit des Faschismus bereits im April 1946 entfernt waren, wurde in der Magistratsvorlage Nr. 233 vom 26. April 1946 eine Liste I über weitere 43 Denkmale erstellt, »die abzutragen und zu vernichten sind«. Diese Liste enthielt neben Denkmalen im sowjetischen Sektor eine Vielzahl in den drei Westsektoren, im Tiergarten, Spandau, Charlottenburg, Friedenau, Britz, Rudow, Reichssportfeld.

Von 35.000 Kubikmetern Kalk, die nach Berlin kamen, blieben im sowjetischen Sektor 21.000, im amerikanischen und im britischen Sektor je 8.000 und im französischen Sektor 2.000 Kubikmeter. »Erstrebt wird eine gleichmäßige Verteilung aller Baumaterialien über ganz Berlin. Bisher ist das leider noch nicht gelungen«, heißt es im Sitzungsprotokoll des Magistrats.

Die Verteilung von Beerenobst erfolgte in allen vier Sektoren, wegen der begrenzten Menge nur an Kinder. »Erstmalig sind alle Bezirke bis auf Wedding [...] (französischer Sektor) versorgt worden.«

Für die Wiederherstellung der U-Bahnstrecke Gleisdreieck–Bülowstraße–Wittenbergplatz wurde der benötigte Zement bereitgestellt. »Der Omnibus 34 fährt jetzt wieder bis Kladow (amerikanischer Sektor). Der Dampferverkehr auf dem Wannsee (amerikanischer Sektor) musste eingestellt werden.«

Der Magistrat beschloss am 31. August 1946, das Renaissance-Theater im Bezirk Charlottenburg (britischer Sektor) wieder als städtisches Theater zu betreiben.

Auf der Magistratssitzung am 21. September 1946 wurde u. a. die Bereitstellung von Lkw für die »Fahrbereitschaft Ernährung« behandelt. Neben den 1.142 Lkw, die von der Roten Armee zur Verfügung gestellt wurden, seien inzwischen im »englischen Sektor bereits 3.000 fabrikneue Lastkraftwagen eingeführt worden, und im amerikanischen Sektor beginne man auch schon mit der Einfuhr«.

An der Magistratssitzung am 28. September 1946 nahm Oberstleutnant Mander von der britischen Militärregierung teil. Diskutiert wurde auch der Abschluss eines Vertrages über eine Trümmerverwertungsanlage mit einer Firma aus dem Bezirk Tiergarten (britischer Sektor).

Die Magistratssitzung am 5. Oktober 1946 behandelte u. a. eine Verordnung über die »Organisation der Pflichtfeuerwehr im Stadtgebiet von Groß-Berlin«. Der Oberbranddirektor beklagte, dass es in Wannsee (amerikanischer Sektor) nicht gelungen sei, eine freiwillige Feuerwehr zu bilden.

In einem Brief des Hauptfrauenausschusses beim Magistrat an die vier Stadtkommandanten wurde darauf hingewiesen, dass die Kinder nur dann die Schule besuchen könnten, wenn sie bekleidungsmäßig dazu in der Lage wären. Der sowjetische Stadtkommandant Kotikow befahl daraufhin, 60.000 Paar Schuhe, 26.000 Mäntel und 20.000 Hosen zur Verfügung zu stellen. Durch den Magistrat wurde versucht, »auch die anderen Besatzungsmächte zu ähnlichen Maßnahmen zu veranlassen«.

Es gab im Magistrat auch eine Diskussion darüber, welche finanziellen Mittel für Volksbüchereien und Lesehallen zur Verfügung zu stellen seien. »Heute entfallen für diese Zwecke in Wedding (französischer Sektor) 38 Pfg. auf den Kopf der Bevölkerung, in Neukölln (amerikanischer Sektor) 47 Pfg., in Prenzlauer Berg (sowjetischer Sektor) 43 Pfg., in Tiergarten (britischer Sektor) 79 Pfg., in Wilmersdorf (britischer Sektor) 54 Pfg.

Dasselbe Bild zeigt sich bei den Volkshochschulen. Ein kleiner Bezirk wie Steglitz (amerikanischer Sektor) erhält für diesen Zweck ebenso viel wie zum Beispiel der stark bevölkerte Bezirk Friedrichshain (sowjetischer Sektor).«

Die gesamte Verkehrsplanung (Wasserstraßen, Straßen, U- und S-Bahn) wurde einheitlich vom Magistrat für Groß-Berlin vorgenommen.

Die Staatsanwaltschaft und das Stadtgericht trugen bis zum Ende der DDR als Zusatzbezeichnung »von Groß-Berlin«.

Die Binnenwasserstraßen-Verkehrsordnung galt für Groß-Berlin.

In einer »Botschaft der Alliierten Kommandanten der Stadt Berlin an die Stadtverordnetenversammlung« am 25. November 1946 hieß es anerkennend, dass der von den vier Alliierten ernannte und eingesetzte Magistrat »auf ehrliche und gewissenhafte Weise seine Aufgaben erfüllt hat, die darin bestanden, in einer durch die Kriegsereignisse zertrümmerten Stadt Ordnung zu schaffen, die Wiederbelebung der Stadt in die Wege zu leiten, unter ungünstigen Verhältnissen die gleichmäßige Zufuhr von Nahrungsmitteln und Brennstoff für die Berliner Bevölkerung zu organisieren sowie die Demokratisierung und Entnazifizierung der Verwaltung und der öffentlichen und wirtschaftlichen Einrichtungen der Stadt durchzuführen. Auf der Grundlage des bisher Geleisteten können nunmehr die neugewählten demokratischen Organe der Selbstverwaltung ihre schaffende Tätigkeit mit Erfolg entwickeln.«

Die Berliner Elektrizitätswerke (BEWAG), Berliner Gaswerke (GASAG), Berliner Wasserwerke, Stadtentwässerung, Straßenreinigung und Müllabfuhr, Müll- und Abwässerverwertung, Berliner Feuerwehr, Städtische Vieh- und Schlachthöfe, Berliner Markthallen, Berliner Hafen- und Lagerhausbetriebe (Behala), das Berliner Ausstellungswesen sowie alle Nahverkehrsmittel (S- und U-Bahn, Straßenbahn und Bus) waren für ganz Berlin tätig.

Diese wenigen Beispiele verdeutlichen, dass die gesamte Stadt vom Magistrat Groß-Berlins regiert wurde und auch das Umland bestimmte Zuständigkeiten behielt. Mit der Spaltung der Stadt veränderte sich auch die Umlandsituation, »indem das Umland der Hauptstadt der DDR durch die Raumwirkung Westberlins eine untypische halbkreisförmige Gestalt bekommen hat und somit das Territorium der Hauptstadt nur im Norden, Osten und Süden umgibt. Westberlin wiederum existiert mit der Anomalie, eine Großstadt völlig ohne Umland zu sein«, wie es zutreffend in einer 1989 erschienenen Monografie von Alfred Zimm hieß.

Obwohl die Vier-Mächte-Verwaltung für Gesamtberlin im Wesentlichen nur bis 1948 funktionierte, stimmten die vier Besatzungsmächte darin überein, dass die Betriebsführung für den gesamten Eisenbahnverkehr in und um Berlin der Verwaltung der Deutschen Reichsbahn (DDR) übertragen werden sollte.

Am 28. April 1945 hatte Generaloberst Nikolai Bersarin bekanntgegeben: »Heute bin ich zum Chef der Besatzung und zum Stadtkommandanten von Berlin ernannt worden. Die gesamte administrative und politische Macht geht laut Bevollmächtigung des Kommandos der Roten Armee in meine Hände über. In jedem Stadtbezirk werden gemäß der früher existierenden administrativen Einteilung militärische Bezirks- und Revierkommandanturen eingesetzt.«

Bersarin erklärte sich demnach zur obersten Besatzungsmacht für Berlin (Groß-Berlin).

In der »Deklaration in Anbetracht der Niederlage Deutschlands und der Übernahme höchster Autorität hinsichtlich Deutschlands durch die Regierungen des Vereinigten Königreichs, der Vereinigten Staaten von Amerika, der Union der Sozialistischen Sowjetrepubliken und durch die Provisorische Regierung der Französischen Republik« vom 5. Juni 1945 hieß es in der Präambel: Die genannten Regierungen »werden später die Grenzen Deutschlands oder irgendeines Teiles Deutschlands und die rechtliche Stellung Deutschlands oder irgendeines Gebietes, das gegenwärtig einen Teil des deutschen Gebietes bildet, festlegen«.

Im Juli 1945 zogen die westlichen Besatzungstruppen in die ihnen zugewiesenen Sektoren in Berlin ein, wie es das Londoner Protokoll vom 12. September 1944 vorsah.

Bei der Aufteilung der Berliner Flugplätze zwischen den Besatzungsmächten wurden noch einige Änderungen des Verlaufes der Sektorengrenzen vorgenommen. Mit Beschluss des Kontrollrates vom 30. August 1945 wurden im Bereich des Flughafens Gatow die außerhalb der Berliner Stadtgrenze gelegenen Ortsteile Groß Glienicke Ost und Weinmeister Höhe (auch Seeburger Zipfel genannt) dem britischen Sektor zugeschlagen, während der zum britischen Sektor gehörende Teil von Staaken zum sowjetischen »Interessengebiet« erklärt wurde.

Da sich die angegebenen Teile des Flughafens außerhalb der Stadtgrenze Berlins, also in der sowjetischen Besatzungszone, befanden, wurde ohne formellen Akt das Gebiet Groß Glienicke Ost und Weinmeister Höhe den Westsektoren hinzugefügt. Damit wurde die Nutzung des Flughafens überhaupt erst möglich. Der westliche Teil von Staaken, der bis Februar 1951 eine Sonderstellung besaß, wurde zunächst der Verwaltung des Magistrats und später der Verwaltung des Bezirks Potsdam unterstellt.

Die Ortschaft Stolpe gehörte bis zum 3. Januar 1949 zum französischen Sektor, wurde aber später in den Bezirk Potsdam eingegliedert.

Diese Beispiele beweisen, dass es zwischen den Besatzungsmächten Abmachungen gab, die allein aus Gründen der Zweckmäßigkeit und militärischen Notwendigkeit zu Änderungen der Sektorengrenzen führten.

Am 30. August 1945 verabschiedete der Alliierte Kontrollrat seine Proklamation Nr. 1, in der es u. a. hieß:

»III. Alle Militärgesetze, Proklamationen, Befehle, Verordnungen, Bekanntmachungen, Vorschriften und Direktiven, die von den betreffenden Oberbefehlshabern oder in ihrem Namen für ihre Besatzungszonen herausgegeben wurden, verbleiben auch weiterhin in diesen ihren Besatzungszonen in Kraft.

Ausgefertigt in Berlin, den 30. August 1945
Dwight D. Eisenhower, General der Armee;
Briant Robertson, Generalleutnant;
Georgi Shukow, Marschall der Sowjetunion;
Louis Koeltz, General.«

Damit war Bersarins Befehl Nr. 1 vom 28. April 1945 eindeutig bestätigt worden: Bersarin war der Stadtkommandant von Gesamtberlin.

Gemäß der Beschlüsse und Befehle der Alliierten wurde die Verwaltungshoheit in Gesamtberlin von diesen wahrgenommen. Für den Gebietsbestand, Verlauf und Charakter der Grenzen einschließlich der drei Westsektoren hatte das keine Bedeutung.

Zumindest bis zur Gründung der DDR waren die Sektorengrenzen einzig militärische Demarkationslinien zwischen den Militärformationen und Sektoren der vier Besatzungsmächte.

Im Briefwechsel des Außenministers der DDR (Bolz) und des Stellvertreters des Außenministers der UdSSR (Sorin) vom 20. September 1955 hieß es u. a.: Die DDR übe »die Bewachung und Kontrolle an den Grenzen« zu Polen und der Tschechoslowakei, »an der Demarkationslinie zwischen« der DDR und der BRD, »am Außenring von Groß-Berlin, in Berlin sowie auf den im Gebiet« der

DDR befindlichen »Verbindungswegen zwischen der Deutschen Bundesrepublik und Westberlin aus«.

Bezüglich der Grenzen in und um Berlin wurde genannt a) die Grenze zwischen der Hauptstadt der DDR und Berlin (West) und b) die Grenze zwischen der Hauptstadt und den Bezirken Potsdam und Frankfurt/Oder.

»In Berlin« sprach man von innerstädtischer Sektorengrenze.

Die »Verbindungswege« zwischen der BRD und Westberlin, der Eisenbahn-, Kraftfahrzeug- und Schiffstransitverkehr der BRD oder Westberlins sowie ausländischer Staaten und ihrer Bürger sind im gegebenen Zusammenhang ohne Bedeutung, sollen aber genannt werden:

Die Kontrolle des Verkehrs der westlichen Besatzungstruppen nach Westberlin wurde »zeitweilig bis zur Vereinbarung eines entsprechenden Abkommens vom Kommando der Gruppe der sowjetischen Truppen in Deutschland ausgeübt«. Dabei wird der Verkehr des Truppenpersonals und der Güter der Garnisonen der drei Westmächte in Westberlin auf der Grundlage der bestehenden Vier-Mächte-Beschlüsse zugelassen

a) auf der Autobahn Berlin – Marienborn,

b) auf der Eisenbahnlinie Berlin – Helmstedt, bei Zurückführung des leeren Transportraumes auf der Eisenbahnlinie Berlin – Oebisfelde,

c) in den Luftkorridoren Berlin – Hamburg, Berlin – Bückeburg und Berlin – Frankfurt am Main.

Wenn heute behauptet wird, dass es keine ausdrücklichen Vereinbarungen aus den Jahren 1944 und 1945 über »den Zugang nach Berlin durch das sowjetische Besatzungsgebiet« gegeben hätte, dann bleibt die Frage unbeantwortet, warum die unter a) bis c) genannten Verbindungswege im Briefwechsel Bolz/Sorin von den drei Westmächten respektiert wurden? Auch die mündlich erklärte Bereitschaft, »vorläufig zwei Luftkorridore, eine Eisenbahnlinie und eine Fernverkehrsstraße« zur Benutzung freizugeben, ist eine Vereinbarung, denn sie wurde akzeptiert und umgesetzt.

Westberlin wurde von der Sowjetunion vor allem als eine kapitalistische Exklave, als Insel inmitten ihrer Zone betrachtet. »Westberlin ist ein Sondergebilde mit einem besonderen Status, das nicht irgendeinem anderen Staat angehört und das unter Besatzungsregime steht«, wie der bereits zitierte Wyssozki meinte. Damit wurde natürlich auch ausgesagt, dass Westberlin politisch-administrativ kein Bestandteil der DDR war. Westberlin war, so Heinrich Potthoff 1997, eine »eingemauerte Halbstadt und Insel der westlichen Welt im kommunistischen Meer. Die Trennung wurde dort hautnah erlebt. Das Bedürfnis nach kleinen Öffnungen in der Mauer, Verbesserungen auf den Zugangswegen und der Sicherung der Lebensfähigkeit der Stadt waren dort ungleich stärker ausgeprägt als bei den meisten Westdeutschen.«

DDR-Ministerpräsident Willi Stoph sagte bei seinem Treffen mit Bundeskanzler Willy Brandt 1970 in Erfurt: »Westberlin wurde bezeichnenderweise als ›Pfahl im Fleische der DDR‹ charakterisiert. Ja, noch mehr: Westberlin wurde zur Frontstadt erklärt und als ›billigste Atombombe‹ bezeichnet. Das waren keine Floskeln, das war eine Politik.«

In seinen Erinnerungen schrieb Marschall Shukow: »Die Zentrale Militärkommandantur schuf in allen 20 Stadtbezirken Berlins Bezirksmilitärkommandanturen, in denen sowjetische Offiziere, in erster Linie Wirtschaftsspezialisten, Ingenieure und Techniker, arbeiteten.«

General Eisenhower hingegen war zunächst gegen einen Sitz des Kontrollrats in Berlin. Er plädierte für Coburg. Die Symbolik der Reichshauptstadt war ihm entgangen, Berlin war für ihn irgendein Punkt auf der Landkarte.

In einer Bekanntmachung vom 12. August 1961 hieß es: »Der S-Bahn-Verkehr wird eingestellt zwischen den Randgebieten der DDR und Westberlin, zwischen den S-Bahnhöfen Pankow (DDR) – Gesundbrunnen (Westberlin), Schönhauser Allee (DDR) – Gesundbrunnen (Westberlin), Treptower Park (DDR) – Sonnenallee (Westberlin), Baumschulenweg (DDR) – Kölnische Heide (Westberlin).

Die Züge der der Nord-Süd-Bahn, zwischen Frohnau und Lichterfelde, Heiligensee und Lichtenrade, Gesundbrunnen und Wannsee über Schöneberg (alles Westberlin) »halten im demokratischen Berlin nur am unteren Bahnsteig des Bahnhofs Friedrichstraße«.

Für das Streckennetz der Berliner U-Bahn wurde u. a. festgelegt: »Die Züge der U-Bahn-Linie D durchfahren das demokratische Berlin ohne Halt.«

Die Fahrgastschifffahrt zwischen den Havelseen und dem Osten Berlins, die über Westberlin führte, wurde eingestellt.

Diese Bekanntmachung beweist, dass bis zum 13. August 1961 der innerstädtische Verkehr für Gesamtberlin – unabhängig von der Grenze, die keine völkerrechtliche Grenze war – voll funktionstüchtig war.

Die Wasserstraßen wurden zunächst vom Wasserstraßenamt Berlin und ab 1951 vom Wasserstraßenhauptamt Berlin nicht nur verwaltet, sondern auch schiffbar gemacht. Bis Anfang der 50er Jahre wurden Trümmer von 68 Brücken beseitigt, 80 Schiffswracks geborgen und vor allem Munition gehoben und die Fahrrinnen schiffbar gemacht.

Die Spaltung Berlins änderte »nichts am Rechtsstatus der Zuständigkeit des Wasserstraßenhauptamtes Berlin (DDR) für die ehemaligen Reichswasserstraßen« in Westberlin, konstatierte 1987 der Historiker Hans-Joachim Uhlemann.

Erst das Sechste Überleitungsgesetz vom 25. September 1990 (!) führte das Bundesrecht, das in Westberlin aufgrund alliierter Vorbehaltsrechte bis dahin nicht galt, ein. Damit wurden die in Westberlin gelegenen Wasserstraßen zu Bundeswasserstraßen erklärt.

Ohne auf Details einzugehen: Es handelt sich um eine Liquidierung des geltenden Rechts der noch existierenden DDR! Im Vorgriff auf die Entwicklung hieß es: »Dieses Gesetz tritt in dem Zeitpunkt in Kraft, in dem die alliierten Vorbehaltsrechte in Bezug auf Berlin fortfallen oder suspendiert werden.«

Um den Rechtsstandpunkt der BRD in Bezug auf Westberlin zu bekräftigen, wurde das Auswärtige Amt, das bisher in Westberlin aufgrund der alliierten Vorbehaltsrechte keine Befugnisse hatte, für diesen Teil Berlins zuständig erklärt.

Das Vierseitige Abkommen vom 3. September 1971 soll nur insoweit erwähnt werden, als es für die Bestimmung des Charakters der Grenzen um Westberlin von Bedeutung ist. Im Zusammenhang mit den Verhandlungen zwischen den vier Mächten sei lediglich die Diskussion genannt, die sich um die Terminologie drehte. Beispielhaft die Anmaßung des Westberliner Senats, sich als »Senat von Berlin« und nicht, wie es korrekt gewesen wäre, als Senat von Westberlin zu bezeichnen. »Das Problem besteht darin, wie man aus dieser Zuspitzung der Situation herauskommen könne«, liest man bei den Außenministern Otto Winzer und Andrej Gromyko, die sich am 20. Oktober 1971 in Moskau zu Konsultationen in dieser Sache trafen. »Was die Terminologie betreffe, solle man nach einer Formel suchen, die einerseits klar, aber andererseits auch vage genug gehalten ist, z. B. könne vom ›Senat‹ gesprochen werden, wobei in Klammern der Terminus hinzugefügt werden könnte, wie er im Vierseitigen Abkommen gebraucht wird. Es könne dabei auch variiert werden mit dem Begriff ›die Westsektoren von Berlin‹, ›die drei Sektoren‹ oder ›die Westsektoren‹. Es wäre auch möglich, dass man zur Bezeichnung des Senats von Westberlin nur den Begriff ›Der Senat‹ gebraucht.«

Mit diesem Abkommen, das die Vereinbarungen und Beschlüsse der vier Mächte aus der Zeit des Zweiten Weltkriegs und der Nachkriegszeits nicht berührte, wurden in dem »betreffenden Gebiet« praktische Fragen gelöst, die unbeschadet der unterschiedlichen Rechtsstandpunkte den Status von Westberlin begründeten.

Seitens der UdSSR/DDR wurde der Standpunkt vertreten, dass allein Westberlin dem Besatzungsstatut unterstehe. Die Westberliner und BRD-Seite vertrat hingegen den Standpunkt, dass die Bindungen zur BRD eine eigene Völkerrechtssubjektivität Westberlins als »Freie Stadt« oder als »selbständige politische Einheit« ausschlössen.

Die vier Mächte stimmten darin überein, dass unter Berücksichtigung der bestehenden Lage in dem »betreffenden Gebiet« und »ungeachtet der Unterschiede in den Rechtsauffassungen die Lage, die sich in diesem Gebiet entwickelt hat [...] nicht einseitig verändert wird«. Unter dem »betreffenden Gebiet« verstand jede Seite etwas anderes.

Aufgrund der damaligen Situation wurden den sogenannten Folgeverhandlungen zum Vierseitigen Abkommen, dem Transitabkommen sowie der Vereinbarung über den Reise- und Besucherverkehr mehr Aufmerksamkeit geschenkt als den Gebietsaustauschen.

Entsprechend dem Thema sollen im Folgenden nur jene Probleme behandelt werden, die offensichtlich im Zusammenhang mit den Grenzen in und um Berlin stehen.

Was war das »betreffende Gebiet« im Sinne der allgemeinen Bestimmungen des Vierseitigen Abkommens?

Da liegen widersprüchliche Erklärungen vor.

Am 12. September 1971 erklärte der sowjetische Botschafter Abrassimow, dass das sozialistische Berlin niemals Gegenstand der Verhandlungen gewesen sei.

Der US-Botschafter Rush sagte am 22. September 1971, dass das Abkommen sich auf ganz Berlin erstrecke und nicht nur auf die Westsektoren. Er räumte ein, dass sich die Bestimmungen eines Teiles des Abkommens nur auf die Westsektoren bezögen (Teil II), meinte aber, dass die Präambel und Teil I ganz Berlin beträfen.

Diese Äußerungen, die gleichzeitig die Rechtsstandpunkte beider Seiten sichtbar machten, hatten keine Auswirkung auf den Verlauf der Grenzen in und um Berlin.

In Anlage III des Abkommens hieß es:

»1. Die Kommunikation zwischen den Westsektoren Berlins und Gebieten, die an diese Sektoren grenzen, sowie denjenigen Gebieten der Deutschen Demokratischen Republik, die nicht an diese Sektoren grenzen, wird verbessert.«

Wie war das zu verstehen?

Die Grenzen der Westsektoren »und von Gebieten, die an diese Sektoren grenzen« – das ist eine Umschreibung der Grenze, die von der DDR als Staatsgrenze zu Westberlin bezeichnet wurde. Da es sich hier um die Verbesserung der Kommunikation handelte und eine direkte Kommunikation Westberlin – DDR nur über die Regierung der DDR erfolgte, musste grundsätzlich alles über die innerstädtische Staatsgrenze laufen. Das wurde umschrieben mit »sowie denjenigen Gebieten der DDR, die nicht an diese Sektoren grenzen«.

Zwischen den Westsektoren und der DDR gab es nur jene Verbindungswege, die im Briefwechsel bei Bolz/Sorin näher beschrieben wurden:

- die Autobahn Berlin – Marienborn,
- die Eisenbahnlinien Berlin – Helmstedt bzw. Berlin – Oebisfelde,
- die Luftkorridore Berlin – Hamburg, Berlin – Bückeburg und Berlin – Frankfurt am Main.

Die vier Regierungen einigten sich nach 16 Monaten und 27 Tagen darauf, dass die Lage, die sich »in diesem Gebiet« entwickelt hat, nicht einseitig geändert wird. Berlin blieb also Hauptstadt der DDR, und die Westsektoren hatten Verbindungen oder Bindungen zur BRD, die historisch entstanden waren.

Bis zu jenem Zeitpunkt galten die entsprechenden Vereinbarungen der vier Mächte aus der Kriegs- und Nachkriegszeit als Grundlage der Verantwortlichkeiten. Es handelte sich demnach um die Zeitspanne vom Londoner Protokoll, also September 1944, bis zum Inkrafttreten des Vierseitigen Abkommens am 3. Juni 1972.

Konkrete Regelungen, die Westsektoren betrafen, waren in Anlage II vereinbart worden. Sie sahen u. a. vor, dass die Bestimmungen des Grundgesetzes für die BRD »und der in den Westsektoren Berlins in Kraft befindlichen Verfassung, und die zu dem Vorstehenden in Widerspruch stehen«, suspendiert werden »und auch weiterhin nicht in Kraft« sind.

Der Bundespräsident, die Bundesregierung, die Bundesversammlung, der Bundesrat und der Bundestag einschließlich ihrer Ausschüsse und Fraktionen sowie sonstige staatliche Organe der Bundesrepublik »werden in den Westsektoren Berlins keine Verfassungs- oder Amtsakte vornehmen, die im Widerspruch zur Feststellung stehen, dass die Westsektoren wie bisher kein Bestandteil der BRD sind und nicht von ihr regiert werden. Als Verfassungs- oder Amtsakte waren anzusehen: »Handlungen zur Ausübung unmittelbarer staatlicher Gewalt über die Westsektoren von Berlin«.

Durch das Vierseitige Abkommen wurde der Rechtsstatus Westberlins nicht geklärt. Es enthielt aber die wichtige (auch als Kernsatz bezeichnete) Formel, dass Westberlin »wie bisher« kein Bestandteil (konstitutiver Teil) der BRD war und auch weiterhin nicht von ihr regiert werden durfte (Teil II B).

Nach Zeitungsberichten wünschte die Sowjetunion eine Erklärung, dass Westberlin kein Teil der BRD sei, während die Westmächte ursprünglich nur zusichern wollten, dass es sich nicht um ein Bundesland der BRD handele. Daraus wurde folgerichtig abgeleitet, dass Westberlin nicht »voll gültig in die Verfassungsorganisation der Bundesrepublik einbezogen wurde und daher nicht die gleiche Rechtsstellung habe wie die anderen Bundesländer«, interpretierte der Berliner *Tagesspiegel* das Abkommen am 17. September 1971. »Der Umfang der zulässigen Bindungen zwischen dem Bund und Berlin (sei) durch die speziellen Vorschriften des Vertragswerkes und die bisherige Praxis weitgehend festgelegt.«

Wie waren die Formulierungen »wie bisher« und »weiterhin« im Teil II B zu interpretieren?

Alle Zugeständnisse und Einschränkungen, die die Westsektoren und die BRD betrafen, blieben »wie bisher« bestehen. Die originären Rechte und Einschränkungen (z. B. die Verbindungswege, Flugverkehr, Militärmissionen und Militärverbindungsmissionen, Verwaltung des Spandauer Gefängnisses, in dem sich verurteilte Hauptkriegsverbrecher befanden) der Westmächte für ihren Aufenthalt in Westberlin blieben gültig.

Bis zum Abschluss des Vierseitigen Abkommens waren etwa 19.000 Bundesbeamte und Bundesangestellte in Westberlin tätig. Sie arbeiteten im Bundespräsidialamt und im Deutschen Bundestag, in fünfzehn Vertretungen der Bundesministerien, sechs Bundesgerichten und der Generalbundesanwaltschaft, in fünf weiteren Bundesbehörden, elf wissenschaftlichen Instituten, elf Körperschaften und sechzehn sonstigen Dienststellen des Bundes. Als Repräsentant der Bundesregierung fungierte ein »Bevollmächtigter der Bundesrepublik Deutschland« in Berlin.

Während die DDR und die UdSSR den Transitverkehr zwischen »den Westsektoren Berlins« und der BRD durch das Territorium der DDR weitgehend garantierten, erklärten die Westmächte, dass die »Verbindungen zwischen den Westsektoren Berlins« und der Bundesrepublik »aufrechterhalten und entwickelt werden, wobei sie berücksichtigen, dass diese Sektoren wie bisher kein Bestandteil der Bundesrepublik Deutschland sind und auch weiterhin nicht von ihr regiert werden«.

Daraus ließ sich schließen: Es wurde unterschieden zwischen den Gebieten (der DDR, ohne sie zu nennen), welche an die Westsektoren grenzten, der Sektorengrenze innerhalb Berlins und der Außengrenze zu den Kreisen der DDR einerseits und andererseits der übrigen DDR zu ihren Bezirken.

Das war die Position, die von der UdSSR und der DDR immer vertreten wurde.

Diese »Kompromissformel« sollte den westlichen (bundesdeutschen) Rechtsstandpunkt verdeutlichen, dass die Westsektoren nicht auf dem Hoheitsgebiet der DDR lagen. Zum anderen, dass es sich bei den »angrenzenden Gebieten« innerhalb Groß-Berlins nicht um die Hauptstadt der DDR handelte.

Die Westmächte vertraten den Rechtsstandpunkt, dass sich ganz Berlin noch unter gemeinsamer Kontrolle der vier Mächte befand.

Inwieweit diese Formel des angeblichen Zustands nach dem Ende der Sowjetunion, der Öffnung der Archive und dem offensichtlich gewordenen Verkauf nicht nur der Interessen der DDR noch von Bedeutung ist, soll hier nicht näher untersucht werden. Gorbatschow äußert in seinen Erinnerungen, dass jegliche Diskussionen über die Wiedervereinigung beider deutscher Staaten seit Gründung der NATO (1949) und dem Beitritt der BRD (1955) »nur noch rituell-propagandistischen Charakter« trugen. Einige Zeilen später hingegen heißt es unter Bezugnahme auf ein Gespräch mit Bundespräsident Richard von Weizsäcker im Juni 1987 über die »deutsche Frage«: »Ich schloss die Wiedervereinigung der deutschen Nation im Prinzip nicht aus, hielt aber die Diskussion über diese Frage auf politischer Ebene für verfrüht und schädlich.«

Mit der Realität des Anschlusses der DDR an die BRD ist die Kritik aus der sowjetischen Botschaft in der DDR im März 1971 auf eine Bemerkung des US-Botschafters geradezu lächerlich: »Es wäre nützlich zu bemerken, dass die Beschlüsse der Alliierten Kommandantur, auf die er sich berief, aufgrund des Umfanges der Kompetenz der

Kommandantur an sich weder die Vierseitigen Vereinbarungen und Beschlüsse aufheben noch verändern können. Diese Dokumente ziehen eine exakte Abgrenzung zwischen den Begriffen ›oberste Macht‹ und ›Verwaltung‹ (Administration). Was Berlin betrifft, so hatten die Westmächte in ihren Sektoren nur administrative Funktionen und können auf keinerlei oberste Macht Anspruch erheben. Sie streben jetzt danach, dass ihnen Rechte zugestanden werden, die sie nach den Vierseitigen Vereinbarungen nicht haben und nie hatten.« Damit wurde der offizielle Standpunkt der UdSSR deutlich, der darauf abzielte, dass die Vereinbarungen und Beschlüsse der Besatzungsmächte aus der Kriegs- und Nachkriegszeit durch das Vierseitige Abkommen nicht berührt werden!

Und: Das Vierseitige Abkommen beanstandete keineswegs den Text der DDR-Verfassung, der Berlin zur Hauptstadt der DDR erklärte. Eine »Suspendierung« der Verfassung der DDR von 1949 (»die Hauptstadt der Republik ist Berlin«, Artikel 2) und von 1968 (»die Hauptstadt der Deutschen Demokratischen Republik ist Berlin«, Artikel 1) erfolgte bekanntlich nicht.

Daran änderte auch die Formulierung im Freundschaftsvertrag DDR–UdSSR vom 12. Juni 1964 nichts, der im Artikel 6 ausführte: »Die Hohen Vertragschließenden Seiten werden Westberlin als selbständige politische Einheit betrachten.« Mit Verwendung des Wortes »betrachten« wurde diplomatisch-rechtlich und unter Wahrung des Rechtsstandpunktes der DDR/UdSSR umschrieben, dass Westberlin eben keine selbständige politische Einheit, sondern integraler Bestandteil des Hoheitsgebietes der DDR war. Wenn beide Seiten etwas »betrachten«, war damit längst nicht ausgesagt, dass es der Realität entspräche. Westberlin war eben staatsrechtlich mehr an die BRD gebunden, als es der DDR/UdSSR lieb war.

Um es zivilrechtlich zu umschreiben: Westberlin war »Eigentum der DDR«, aber im »Besitz der BRD«.

Die Tatsache, dass es zwei deutsche Staaten gab, Westberlin aber weder direkt noch indirekt erwähnt wurde, erfuhr im Artikel 7 dieses Freundschafts-Vertrages realpolitische und rechtliche Bestätigung. Bereits in jenem Vertrag von 1964 wurde »die Schaffung eines friedliebenden, demokratischen, einheitlichen deutschen Staates nur durch gleichberechtigte Verhandlungen und eine Verständigung zwischen beiden souveränen deutschen Staaten« postuliert. Das die deutsche Einheit zu damaliger Zeit noch unter dem Vorzeichen des Sozialismus erreicht werden sollte, soll hier nicht zur Debatte stehen.

Neben dem Völkerrecht und dem Staatsrecht (der DDR und der BRD) wurde für Gesamtberlin von Rupert Scholz noch ein »innerstädtisches Vertragsrecht« erfunden. Die Behauptung sei unrichtig, so Scholz, dass Berlin auf dem Territorium der DDR läge. »Im Gegenteil, auch im Verhältnis zur sowjetischen Besatzungszone und im Verhältnis zur DDR stellt Berlin ein gesondertes, rechtlich selbständiges Gebiet dar.«

Die sowjetische Seite betonte immer wieder, dass sie von der »Berücksichtigung der existierenden Situation« ausgehe. Das setzte selbstverständlich voraus, dass Ostberlin Hauptstadt der DDR sei. Ohne auf weitere Einzelheiten einzugehen, wurde aber festgehalten, dass es zwischen den beiden Teilen Berlins und um Westberlin tatsächlich eine Grenze gab, an der ein Grenzregime aufgebaut und entwickelt wurde, das unabhängig vom Charakter der sich davor (die Grenztruppen der DDR gebrauchten den Ausdruck »feindwärts«) befindlichen Grenzlinie existierte.

Wie und wodurch die »Sicherung der Staatsgrenze zu Westberlin« erfolgte, ist an anderer Stelle nachzulesen.

Wird vom Rechtsstandpunkt der Sowjetunion und der DDR ausgegangen, der besagt, dass Westberlin sich inmitten und auf dem Hoheitsgebiet des Staates DDR befand, also Bestandteil des Hoheitsgebietes dieses Staates war, und werden die völkerrechtlichen Kriterien der Staatsgrenzen angewandt, dann war die Grenze *innerhalb* Berlins und um Westberlin keine völkerrechtliche Staatsgrenze.

Von der Realität des Kalten Krieges ausgehend, wurde diese Grenze aber von der DDR als Staatsgrenze zu Westberlin bezeichnet und durch ein Grenzregime gesichert, welches den Notwendigkeiten im Kalten Krieg entsprach.

Wird der westliche Rechtsstandpunkt zugrunde gelegt, war es entweder eine »rein« staatsrechtliche Grenze oder eine »innerstädtische« Sektorengrenze, die von der DDR völkerrechtswidrig als Staatsgrenze zu Westberlin bezeichnet wurde.

Unabhängig von dieser entgegengesetzten Charakterisierung erfolgte die Sicherung dieser Grenze grundsätzlich allein durch die DDR. Die Mauer und sämtliche Elemente der Sicherungsanlagen gehörten zum territorialen Grenzregime der DDR. Es war Ausdruck der »inneren« (staatsrechtlichen) Souveränität der DDR, ihr Regime an der Grenze so auszugestalten, wie es für nötig gehalten wurde.

Immer wieder werden die Luftsicherheitszentrale für den Berliner Luftraum sowie die drei Luftkorridore (Berlin – Hamburg, Berlin – Hannover (Bückeburg), Berlin – Frankfurt am Main) als Hilfskrücken für die Darlegung der bundesdeutschen Argumentation benutzt. Aber betrachten wir die These vom »Berliner Luftraum« unter dem Gesichtspunkt einer völkerrechtlichen Staatsgrenze etwas genauer: Der Alliierte Kontrollrat genehmigte am 30. November 1945 Festlegungen des »Koordinierungskomitees« über die Schaffung von Luftkorridoren. Sie dienten dem Zweck, »wegen der zunehmenden Zahl von Flügen zwischen dem Gebiet von Groß-Berlin und den verschiedenen Besatzungszonen der vier alliierten Mächte in Deutschland« unter strenger Einhaltung der Flugvorschriften eine optimale Flugsicherheit zu gewährleisten.

Den Begriff eines Berliner Luftraumes sucht man in den Vier-Mächte-Vereinbarungen vergebens. Es gab lediglich eine »Kontrollzone Berlin«, die genau nach Flughöhe und Radius vom Kontrollratsgebäude aus definiert wurde. Diese Flugvorschriften galten für die Flugplätze Adlershof, Dallgow, Elsthal, Gatow, Schönefeld, Schönewalde, Tempelhof und Frohnau. Wenn es einen Luftraum Berlin gegeben hätte, dann wäre damit dokumentiert worden, dass ganz Berlin nicht inmitten und auf dem Gebiet der SBZ gelegen hätte.

Mit dem Vierseitigen Abkommen aus dem Jahre 1971 wurde festgelegt, dass »ungeachtet der Unterschiede in den Rechtsauffassungen die Lage, die sich in diesem Gebiet entwickelt hat«, nicht einseitig verändert werden dürfte.

Der Vertreter Frankreichs betonte etwas hinterwäldlerisch, dass das Vierseitige Abkommen »faktisch die Anerkennung der jetzigen Lage Ostberlins und dessen Zugehörigkeit zur DDR bedeuten« würde.

Daraus kann geschlossen werden, dass die Sowjetunion bzw. die DDR gegen das Vierseitige Abkommen verstoßen hätten, wenn sie die Sicherung der Grenze um Westberlin, wie sie mit dem 13. August 1961 begonnen wurde, aufgegeben hätte!

Die Lage Westberlins, das sich innerhalb und auf dem Hoheitsgebiet befand, durfte nach dem Vierseitigen Abkommen nicht einseitig verändert werden.

Die Lösung des Problems der kleinen Gebiete (Exklaven/Enklaven), die zu Westberlin gehörten, durch Gebietsaustausch, soll hier nicht erläutert werden, weil das im Zusammenhang mit dem Status der Grenzen in und um Westberlin ohne Relevanz ist.

Wenige Tage vor dem Anschluss der DDR wurde in einem »Übereinkommen zur Regelung bestimmter Fragen in Bezug auf Berlin« zwischen der Regierung der BRD und den »drei Staaten« auch das Vierseitige Abkommen verletzt. Mit diesem Abkommen wurde faktisch nicht nur Westberlin, sondern auch die Hauptstadt der DDR in das Gebiet der BRD einbezogen. Unter Ausschluss der UdSSR wurde der Ausdruck »alliierte Behörden« so umgedeutet, dass tatsächlich nur »die drei Staaten« (ohne Erwähnung bzw. Einbeziehung der UdSSR) zu den Alliierten gehörten.

In der Präambel des Übereinkommens zwischen den »drei Staaten« wird jedoch auf die »Rechte und Verantwortlichkeiten der vier Mächte in Bezug auf Berlin« verwiesen. Dieses Übereinkommen bedurfte »der Ratifikation, Annahme oder Genehmigung«.

Eine Ratifizierung erfolgte zwar nicht, aber das Problem der Annahme oder Genehmigung wurde kurzerhand mit der Verordnung der Bundesregierung vom 28. September 1990 gelöst. Im Artikel 1 hieß es, dass dieses Übereinkommen der »drei Staaten« nur *vorläufig* in Kraft gesetzt sei.

Im »Gesetz zur Überleitung von Bundesrecht nach Berlin (West) (Sechstes Überleitungsgesetz) vom 25. September 1990« wurde der Grundsatz postuliert: »Bundesrecht, das in Berlin (West) aufgrund alliierter Vorbehaltsrechte bisher nicht oder nicht in vollem Umfang gilt, gilt vom Inkrafttreten dieses Gesetzes uneingeschränkt in Berlin (West), soweit sich aus den §§ 2 und 3 nichts anderes ergibt.«

Für den Gegenstand dieser Ausführungen ist von besonderem Interesse, dass z. B. das Gesetz über die Bundesanstalt für Flugsicherung in Westberlin mit der Maßgabe in Kraft trat, dass für diese Bundesanstalt zur Wahrnehmung ihrer Aufgaben in Berlin und der DDR bestimmte Personen mit Flugsicherungsaufgaben betraut werden konnten.

Mit § 2 Absatz 7 dieses Gesetzes wurden Bundesministerien (Verkehr und Finanzen) ermächtigt, »in Berlin (West) gelegene Wasserstraßen durch Rechtsverordnung zu Bundeswasserstraßen zu erklären«.

Im § 3 dieses Gesetzes wurden zwanzig völkerrechtliche Verträge, Abkommen und Vereinbarungen der BRD aufgelistet, die für Westberlin »weiterhin keine Anwendung« finden. Eine Begründung erfolgte nicht.

Aus der »provisorischen Bundeshauptstadt« Bonn wurde die Bundeshauptstadt Berlin.

Der Artikel 23 des Grundgesetzes für die Bundesrepublik Deutschland wurde entsprechend geändert. In der Urfassung von 1949 war der Geltungsbereich »zunächst« auch auf »Groß-Berlin« bezogen. Groß-Berlin gehörte zum »ursprünglichen räumlichen Geltungsbereich des Grundgesetzes und zum Bundesgebiet. [...] Das Grundgesetz, das auch von fünf Vertretern von Groß-Berlin unterzeichnet wurde [...], gilt sachlich – mindestens teilweise – auch in (West-)Berlin.«

Mit Wirksamwerden des Anschlusses der DDR am 3. Oktober 1990 wurden entsprechend dem Ländereinführungsgesetz der DDR vom 22. Juli 1990 die Länder Brandenburg, Mecklenburg-Vorpommern, Sachsen, Sachsen-Anhalt und Thüringen gebildet, die Grenzen dieser Länder untereinander und die Modalitäten von Grenzänderungen bestimmt. »Berlin, Hauptstadt der DDR, erhält Landesbefugnisse, die von der Stadtverordnetenversammlung und vom Magistrat wahrgenommen werden.«

Im § 2 hieß es folgerichtig, dass das Staatsgebiet der DDR (einschließlich Westberlins, ohne es ausdrücklich zu benennen) unteilbar sei.

Da das Ländereinführungsgesetz der DDR die neuen Länder erst zum 14. Oktober 1990 bildete, wurde kurzerhand dieses Datum gemäß Einigungsvertrag auf den 3. Oktober 1990 verändert. Aber dass Berlin die Hauptstadt der DDR war, wurde wahrscheinlich deshalb nicht mehr geändert, weil man sich vor der Weltöffentlichkeit nicht lächerlich machen wollte.

Im Einigungsvertrag wurde vereinbart, dass die 23 Bezirke von Berlin das Land Berlin bilden.

In einem Protokoll, das bei Unterzeichnung des Einigungsvertrages noch »Klarstellungen« traf, hieß es: Die Grenzen des »Landes Berlin« bestimmen sich nach dem Gesetz von 1920 mit den Maßgaben:

- dass der Protokollvermerk zu Artikel 1 der Vereinbarung (Gebietsaustausch, 1988) sich »auf alle Bezirke erstreckt und im Verhältnis zwischen den Ländern Berlin und Brandenburg fortwirkt« und
- dass »alle Gebiete, in denen nach dem 7. Oktober 1949 eine Wahl zum Abgeordnetenhaus oder zur Stadtverordnetenversammlung von Berlin stattgefunden hat, Bestandteile der Bezirke von Berlin sind«.

Mit der letztgenannten Formulierung »alle Gebiete [...] nach dem 7. Oktober 1949« (*bekanntlich Gründungsdatum der DDR – K. E.*) wurde rechtlich unmissverständlich klargestellt, dass auch Westberlin Teil des Hoheitsgebietes der DDR war.

Die Länder Berlin und Brandenburg wurden aufgefordert, den Grenzverlauf innerhalb eines Jahres zu überprüfen und zu dokumentieren.

** Klaus Emmerich, Jahrgang 1936, Jurist, Staats- und Völkerrechtler, Berater der deutsch-deutschen Grenzkommission und 1989/90 Sekretär der Arbeitsgruppe des Zentralen Runden Tisches »Neue Verfassung«*

Tod an der Grenze

*Von Horst Liebig**

»Halt! Stehen bleiben! Grenzposten!« So oder ähnlich hört man diese Aufforderung überall an den Grenzen, die Staaten voneinander trennen. Viele Hundert Mal war er auch an der Staatsgrenze der DDR zur BRD und zu Westberlin zu hören. Leistete der Grenzverletzer, der Flüchtling, Grenzgänger, Schmuggler, Sperrbrecher – oder wie immer diese Personen auch bezeichnet wurden – der unmissverständlichen Ansage nicht Folge, feuerte der Grenzposten in der Regel einen Warnschuss ab. Wurde auch der Warnschuss bewusst ignoriert, wurde in den meisten Fällen gezielt geschossen.

Dieser Ablauf erfolgte auf der Grundlage gesetzlicher und staatlicher Bestimmungen. Die Grenztruppen der DDR waren ein Exekutivorgan. Die Angehörigen trugen Schusswaffen und waren legitimiert, diese auch einzusetzen: für den Schutz der eigenen Person im Falle eines Angriffs und zum Stellen von Grenzverletzern, die sich einer Festnahme durch Flucht entziehen wollten. Dabei ging der Gesetzgeber davon aus, dass der Gebrauch der Schusswaffe die Ultima ratio, also das letzte Mittel war.

Alle in der DDR gültigen Bestimmungen, Vorschriften und Gesetze sahen vor, dabei das Leben der betreffenden Personen zu schonen und sie lediglich bewegungsunfähig zu machen.

In den 44 Jahren der Existenz der Trennlinie zwischen den beiden Teilen Deutschlands – erst als Demarkationslinie, später als Staats- und Bündnisgrenze von Warschauer Pakt und NATO – und in den 28 Jahren des Bestehens der Grenzmauer um Westberlin gab es im Interesse des Friedens und der Aufrechterhaltung der staatlichen Ordnung diesseits ein repressives, strenges Grenzregime. Die restriktive Grenzordnung war den Zwängen des Kalten Krieges und allen damit zusammenhängenden Umständen geschuldet.

An dieser Staatsgrenze fielen Schüsse, explodierten Minen und wurden Selbstschussanlagen ausgelöst. Es gab Tote und Verletzte. Opfer waren sowohl Personen, die Leben und Gesundheit bewusst riskierten, indem sie sich über Recht und Gesetz hinwegsetzten, als auch Grenzsoldaten, die die Gesetze der DDR und deren Verfassung, auf die sie vereidigt waren, durchsetzten. Sie wurden von Gesetzesbrechern, mithin Kriminellen, hinterrücks erschossen, heimtückisch erschlagen, kaltblütig und brutal ermordet.

Die Toten an der Staatsgrenze, ob als Opfer oder als Täter, starben im Kalten Krieg. Auf beiden Seiten führte man diese weltweite Systemauseinandersetzung – wir nannten sie zutreffend Klassenkampf – generalstabsmäßig und mit der Absicht, den Gegner in die Knie zu zwingen. Dazu bediente man sich aller Mittel und Methoden unterhalb des offenen militärischen Konfliktes. Die meisten Toten an der Grenze starben als Opfer des Propagandakrieges. Sie folgten den Verlockungen des Westens, dort herrsche uneingeschränkte Freiheit und Demokratie bei einem erheblich besseren Wohlstand als in der DDR. Wenn man wolle, schaffe man es vom Tellerwäscher zum Millionär. Kurz: Die Mehrheit jener, die den Versprechungen erlagen, würde heute den Wirtschaftsflüchtlingen zugerechnet werden. Aber der Westen brauchte sie – im Unterschied zu den heutigen Wirtschaftsflüchtlingen – damals als Argument: Wer aus der DDR ging, so hieß es, stimmte mit den Füßen gegen den Sozialismus. Und wenn dies obendrein illegal erfolgte und dabei geschossen wurde, war das nur ein weiterer Beweis für die »Unmenschlichkeit« des Systems. Ungeachtet dieses zynischen Umgangs des Westens mit den von ihnen »Mauertote« genannten Opfern bedauerte die DDR jeden tragischen Fall: Jedes Opfer an dieser Grenze war eines zu viel.

Vor der 36. Strafkammer des Landgerichtes Berlin gaben der Stellvertreter des Ministers für Nationale Verteidigung und Chef der Grenztruppen der DDR sowie seine Stellvertreter in ihrem Verfahren in den 90er Jahren folgende Erklärung ab: »Jeder Verletzte, jeder Tote, jedes Opfer ist zu beklagen und zu bedauern. Das gilt für die im Grenzdienst ermordeten Angehörigen der Grenztruppen ebenso wie für die Menschen, die – wissend um die Gefahren, die mit dem illegalen Grenzübertritt verbunden waren und eine mögliche Schusswaffenanwendung oder Minenverletzung billigend in Kauf nehmend – verletzt oder getötet wurden.

Wir bekunden nach wie vor unsere Betroffenheit und unser Mitgefühl für jeden Verletzten und Toten an dieser Grenze. So haben das auch unsere Vorgesetzten und die uns Unterstellten immer gesehen. Aus persönlichem Erleben kennen wir den Schmerz, das Leid und die Trauer bei Angehörigen und Freunden von Menschen, die an der Staatsgrenze ums Leben gekommen sind. Die Achtung vor den Opfern an dieser Grenze und das Leid ihrer Angehörigen verlangen deshalb größte Objektivität, Sachlichkeit und Beachtung der Bedingungen, die dazu geführt haben. Gerade deshalb hat niemand ein Recht, von der Position eines Siegers aus zu urteilen.«

Eine amtliche Angabe über die Zahl der Toten an der Staatsgrenze hat die DDR nie gemacht. Das war und ist zu bedauern, weil damit der Spekulation Raum gegeben wurde und wird. In diesem agieren Institutionen und Organisationen, Vereine und Stiftungen, die sich den Anstrich von Seriosität geben, zumal sich bisweilen Politiker auf sie berufen und öffentliche Mittel für »Forschungsarbeiten« vergeben werden. Ihnen geht es mehrheitlich kaum um eine sachliche, differenzierte Geschichtsbetrachtung und

-darstellung. Es geht primär um die Kriminalisierung, Diffamierung und Delegitimierung der DDR und ihrer Organe.

Alljährlich am 13. August finden an der einstigen Grenze der DDR zu Westberlin und zur BRD Gedenkstunden, Schweigeminuten und Kranzniederlegungen statt. Um der Todesopfer zu gedenken, versammeln sich die Oberen von staatlichen und städtischen Behörden, Abgesandte der Parteien, Vertreter von »Opferverbänden« und auch einige Bürger. So berichtete die Agentur *dpa* an jenem Tag 2010: »Mit Kränzen, Kerzen und Schweigeminuten erinnert Berlin heute an den Mauerbau vor 49 Jahren. An der Gedenkstätte in der Bernauer Straße legte Berlins Regierender Bürgermeister Klaus Wowereit einen Kranz für die Opfer des DDR-Grenzregimes nieder.«

Heinz Keßler und Fritz Streletz schreiben dazu in ihrem Buch »Ohne die Mauer hätte es Krieg gegeben«: »Und alle, die den Finger heben und sich kritisch äußern, gelten augenblicklich als Zyniker. Sie würden ›die Opfer‹ verhöhnen. Zynisch hingegen sind tatsächlich jene, die einer falschen, ahistorischen Darstellung das Wort reden und ihr in solchen Aufmärschen und Erklärungen symbolhaft Gestalt geben. Man könnte es besser wissen, wenn man es denn wissen wollte. Aber die Lesart ist vorgegeben und wird seit einem halben Jahrhundert ins öffentliche Bewusstsein getrommelt.«

Im Herbst 1961 wurde die Zentrale Erfassungsstelle der Landesjustizverwaltungen in Salzgitter mit der Absicht installiert, »die Ereignisse vom 13. August 1961 und die damit zusammenhängenden Gewaltakte der Machthaber im östlichen Deutschland« zu verfolgen. So schrieben Heiner Sauer und Hans-Otto Plumeyer in ihrem 1991 veröffentlichten »Salzgitterreport«. Der niedersächsische Justizminister Dr. Arvid von Nottbeck formulierte darin die mit der Erfassungsstelle verbundene Absicht: Die Angehörigen der Grenzschutzorgane der DDR sollten wissen, »dass sie eines Tages vor ein unabhängiges deutsches Gericht gestellt werden, wenn sie den Finger krumm machen, wo sie ihn nicht krumm zu machen haben«.

In Salzgitter wurden die Lageberichte des Bundesgrenzschutzes (BGS), des Zolls und der Bayerischen Grenzpolizei sowie der Westberliner Schutz- und Kriminalpolizei zu Protokoll genommen. Sie fußten auf persönlichen Wahrnehmungen der Beamten, waren also rein subjektiv.

Auch Presseberichte und Veröffentlichungen in den elektronischen Medien dienten als Grundlage der Registrierung. Auch diese Quellen können wohl kaum als objektiv gelten.

Drittens schließlich wurden persönliche Mitteilungen von Geschädigten und Zeugen ausgewertet. Auch hier herrschten subjektive Interessen vor.

Von den Landes- und Bundesbehörden gab es Informationen von aus der DDR »geflüchteten«, »freigekauften« oder »übergesiedelten« Bürgern. Um an die in Aussicht genommenen Entschädigungen, Fördermittel und andere Zuwendungen zu gelangen, nahm es mancher mit der Wahrheit nicht so genau.

Erste Anlaufstelle für die aus der DDR Entlassenen war das Zentrale Notaufnahmelager Gießen. Dort wurden die Personalien aufgenommen. Danach erfolgten Befragungen durch westliche Nachrichtendienste – von CIA bis Bundesverfassungsschutz. Auch von Gießen flossen Informationen nach Salzgitter.

Bei Grenzzwischenfällen mit Todesfolge (bei DDR-Grenzern) sah die Behörde von Salzgitter in den Aussagen von Fahnenflüchtigen wichtige Beweismittel. Die Angaben der Deserteure wurden in einem Fragebogen genau erfasst. Juristisch waren diese nur bedingt als Beweismittel verwertbar: Die Deserteure waren bemüht, ihre gesetzeswidrigen Handlungen in einem für sie günstigen Licht darzustellen. Oft kannten sie diese Vorfälle nur vom Hörensagen, sie waren also keine Augenzeugen.

Selbst Protagonisten der westlichen Propaganda meldeten verhaltene Zweifel an, ob man Salzgitter wirklich glauben sollte. 1991, zum 30. Jahrestag des Mauerbaus, schrieben Werner Filmer und Heribert Schwan in ihrem Buch »Opfer der Mauer« dazu: »Bis zur Wende war die Zentrale Erfassungsstelle die einzige Institution in der Bundesrepublik, die Opfer an Mauer und Grenze registrierte. Sie stützte sich dabei auf Aussagen der Westberliner Polizeibehörde, auf Informationen der Grenzschutz- und Zollbeamten an der innerdeutschen Grenze, auf Zeugenaussagen geflüchteter DDR-Bürger, auf Meldungen von Grenzgängern und Spaziergängern.

Die Behörde in Salzgitter setzte die niedrigste Verdachtsschwelle an und machte manches Gerücht zum Fall, zum Todesfall an Mauer und Grenze. Hier wurde vom Hörensagen eine Flucht mit tödlichem Ausgang bekannt, da brüsteten sich Jugendliche mit Sensationsstories.

Salzgitter war eine Vorermittlungsbehörde. Man notierte, was in Zeitungen stand, hielt fest, was in den Jahren des Kalten Krieges von Kalten Kriegern in die Welt gesetzt wurde. Die Todesliste der Zentralen Erfassungsstelle Salzgitter ist daher verständlicherweise einerseits lückenhaft, andererseits aufgebauscht.«

Die Erfassungsstelle Salzgitter bezifferte 1989 die Zahl der Toten an der Staatsgrenze mit 197.

Berliner Sonderstaatsanwaltschaft II

Die politische Strafverfolgung von ehemaligen DDR-Bürgern nach dem Untergang des Staates war ein eklatanter Bruch von Völkerrecht und Einigungsvertrag. Der Beitritt der DDR zum Geltungsbereich des Grundgesetzes, wie es gleichermaßen beschönigend wie irreführend hieß, eröffnete die Chance für die juristisch-politische Abrechnung mit den Funktionsträgern des vier Jahrzehnte bekämpften Staates.

Die 1990 ins Leben gerufene Berliner Sonderstaatsanwaltschaft II unter Leitung von Christoph Schaefgen ermittelte und erhob schließlich Anklage. (An der Bildung dieser einzigartigen Einrichtung war übrigens die Berliner Justizsenatorin Jutta Limbach maßgeblich beteiligt, und man muss schon reichlich naiv sein, um anzunehmen, dass ihre Berufung zur Präsidentin des Bundesverfassungsgerichts 1994 reiner Zufall gewesen sein soll.)

In den neun Jahren ihrer Existenz bearbeitete die Sonderstaatsanwaltschaft II etwa 75.000 bis 80.000 Fälle, darunter auch die Todesfälle an der Grenze.

Am 9. Juni 2000 nannte sie 273 Tote.

Zentrale Ermittlungsstelle von Regierungs- und Vereinigungskriminalität (ZERV)

Diese Dienststelle der Berliner Polizei wurde im September 1991 installiert und arbeitete bis Dezember 2000. Dort waren mehr als 500 Beamte und 200 Ermittler der Berliner Polizei tätig. Sie führten auch Ermittlungen zu den Todesfällen an der Grenze.

Die ZERV kooperierte mit der Sonderstaatsanwaltschaft II und bearbeitete 20.327 Ermittlungsverfahren. Als staatliche Ermittlungsbehörde wies sie abschließend nur solche Fälle aus, bei denen der Verdacht auf Fremdverschulden (Schusswaffengebrauch und Minen) vorlag. Fälle, die nicht ausreichend nachgewiesen und dokumentiert werden konnten (darunter nicht mehr zu identifizierende Leichen aus Grenzgewässern), waren im Endergebnis nicht enthalten.

Die ZERV gab die Zahl der Todesopfer mit 421 an.

Arbeitsgemeinschaft 13. August e.V.

Der eingetragene Verein steht in der Tradition einer von der DDR als verbrecherische Organisation betrachteten Vereinigung. Im schriftlichen Material einer am 11. August 2010 im »Mauermuseum – Museum Haus am Checkpoint Charlie« abgehaltenen Konferenz der Arbeitsgemeinschaft 13. August e. V. (AG) hieß es: »Bereits 1948 baute im Rahmen der Tätigkeit der *Kampfgruppe gegen Unmenschlichkeit* (KgU) deren Gründer Dr. Rainer Hildebrandt einen Suchdienst nach verschollenen politischen Gefangenen auf. Gegen Ende der 50er Jahre wurde die Suchkartei der KgU mit etwa 900.000 Karteikarten dem Suchdienst des Deutschen Roten Kreuzes übergeben.«

Hildebrandt (1914–2004) und die KgU wurden »von den Amerikanern« unterstützt. Damit waren diverse US-Nachrichtendienste gemeint. Über diese Verbindungen der KgU wurde inzwischen sehr viel publiziert, weshalb an dieser Stelle darauf verzichtet werden kann.

Hildebrandt rief 1963 die »Arbeitsgemeinschaft 13. August« ins Leben, die er bis zu seinem Tode führte. Seither setzt seine Witwe als Leiterin des Mauermuseums und geschäftsführende Vorsitzende der Arbeitsgemeinschaft 13. August das Werk jenes Mannes fort, den sie 1995 geheiratet hatte.

Jährlich macht die AG im August von sich reden, indem auf einer Pressekonferenz jeweils neue Zahlen in Umlauf gebracht werden.

1989 bezifferte sie die Zahl der Todesopfer mit 191.

Im Jahr 2010 nannte sie bereits 1.393.

In zwei Jahrzehnten hatte sich die Zahl der Opfer auf wundersame Weise um 1.202 vermehrt.

Dieser »Zuwachs« erfolgte stetig, wie auch die *Berliner Zeitung* am 10. August 2005 bemerkte. »Jedes Jahr steigt diese Zahl, die seit 1949 von Rainer Hildebrandt zusammengetragen wird. Seine Witwe Alexandra Hildebrandt setzt diese Arbeit inzwischen fort.« Und der kritische Journalist fragt nach, bekommt aber keine Antwort. »Was hinter den einzelnen Zahlen steckt, konnte Hildebrand auf Nachfrage jedoch in etlichen Fällen nicht belegen«, schrieb die *Berliner Zeitung*. »In einigen Fällen hat die Arbeitsgemeinschaft 13. August selbst ein Fragezeichen hinter den Namen des Toten gesetzt (›ertrunken? Nur Leichnam‹), zählt den Betreffenden jedoch bereits fest unter die 1.135 DDR-Opfer.« Kritik an dieser Vorgehensweise habe Hildebrandt wie schon in der Vergangenheit zurückgewiesen.

Die AG zählt inzwischen Suizide, Unfälle mit Schusswaffen und Todesfälle von legal Reisenden hinzu, die bei der Grenzpassage überraschend starben. Diese Vorgänge hatten aber überhaupt nichts mit dem Grenzregime zu tun und hätten sich so überall auf der Welt und zu jeder Zeit abspielen können. (Was ja auch der Fall war und ist.)

Gleichwohl hieß es dazu auf der Pressekonferenz: »Wir legen mit unserer Statistik nicht nur die Zahl getöteter Flüchtlinge vor, sondern auch die überraschend hohe Selbstmordrate unter den im Dienst befindlichen Grenzsoldaten. Nach außen hin offiziell mit Familien- und Alkoholproblemen erklärt, zeigen interne Akten und letzte Briefe jedoch ein anderes Bild. Zahlreiche ›Zielschüsse‹ töteten versehentlich die eigenen Kameraden, und enormer Befehls- und Überwachungdruck überforderten viele junge Grenzsoldaten.«

Warum es an der Westgrenze der DDR in den 15 Jahren vor dem 13. August 1961 mehr als doppelt so viele Fälle von Suizid gab als nach dem 13. August, wird nicht gesagt. Bis 1961 wurden 89 Selbsttötungen gezählt, in den 28 Jahren danach 33 Fälle. Tragisch in jedem Falle, aber als Argument wenig überzeugend.

Übrigens: Von 1955 bis 2008 legten 3.417 Bundeswehrsoldaten Hand an sich. 18 nahmen sich zwischen 1998 und 2008 bei Auslandseinsätzen das Leben.

Überzeugen können auch nicht die 131 angeführten Schusswaffenunfälle im Grenzdienst. Überall auf der Welt, wo mit Schusswaffen hantiert wird, gibt es tragische Unglücke. Die sind mangelnder Ausbildung, fehlendem Verantwortungsbewusstsein – kurz: Leichtsinn – und klassischen Unfällen zuzuschreiben. Oder wie der *Spiegel* 29/2008 mit Bezug auf eine interne Untersuchung des Koblenzer Bundesamtes für Wehrtechnik und Beschaffung schrieb: »Verstöße gegen Dienstvorschriften«, »mangelnde Dienstaufsicht« und »Ausbildungsmängel«. 2007, so schrieb damals das Hamburger Nachrichtenmagazin, habe es so viele Schießunfälle in der Bundeswehr gegeben wie nie zuvor: 166.

Dreißig mehr als im Vorjahr.

Und schließlich die dritte »neue« Opfergruppe der AG: die Toten bei der Ausreise. 63 an der Zahl. Und das in 44 Jahren. Statistisch also 1,43 pro Jahr.

Da muss man nicht einmal die drei Millionen Reisenden aus der DDR bemühen, die jährlich zu Besuchszwecken oder dringenden Familienangelegenheiten pro Jahr hinüberreisten und gesund wiederkehrten, um die lächerlichen Verhältnisse sichtbar zu machen, von denen hier die Rede ist. Gestorben wird überall auf der Welt, auch bei Grenzpassagen. Diese Feststellung ist nicht zynisch, sondern beschreibt die Realität.

Nicht minder mysteriös (aber politisch zweckdienlich) in den Auflistungen der AG sind die namenlosen, also unbekannten Opfer, über die nichts auszusagen ist, als dass sie eben tot sind. Nichts über Todesursache und -umstände, nichts über ihre Herkunft.

Aber: 97 Tote an der Westgrenze der DDR und zu Westberlin, 28 Personen an der Ostsee und 14 Unbekannte an den Grenzen anderer Staaten. Dazu kommen zwölf fahnenflüchtige Sowjetsoldaten, die »aus Gründen des Quellenschutzes hier nur statistisch erfasst« wurden, wie es im Material der AG hieß.

Hinzu kommen fünf mit Fragezeichen versehene Fälle, die in der Rubrik »›Rückkehrer‹ ohne Rückkehr (Sie wurden zur Rückkehr erpresst oder überredet, gelangten in haftähnliche Verhältnisse [›Rückkehrerheim‹] und nahmen sich das Leben« geführt werden.

Dann gibt es noch 173 Eintragungen mit dem kryptischen Vermerk, der alles offenlässt und wie ein Geheimnis auf den Angaben liegt: »Familiennamen von Opfern, die noch nicht öffentlich dargestellt wurden, werden aus Gründen des Datenschutzes nur mit Anfangs- und Endbuchstaben angegeben.«

Datenschutz statt Faktenschutz.

Nicht minder abstrus die »Todesopfer bei Fluchtversuchen über die Ostsee«. »Trotz Abschluss der Untersuchung aller Todesfälle im Bereich der Ostsee (jetzt 187 erfasste Todesfälle bei fast 5.000 Versuchen und rund 600 erfolgreichen Ostseefluchten seit 1961) kann man davon ausgehen, dass durch unsere Recherchen in den nächsten Monaten die Zahl der Opfer noch weiter ansteigen wird.« Die Logik verstehe wer will: Wie kann die Zahl noch ansteigen, wenn die Untersuchung abgeschlossen wurde?

Die Liste dieser Opferkategorie beginnt 1950 (als ob damals auch nur eine Institution Buch geführt hätte, wer sich über die Ostsee in den Westen absetzte!)

Unter Nummer 2 heißt es: »Männl. Pers., ca. 40 Jahre, Tod am 01. 09. 1950, Leichenfund«, und bei Nummer 3 »unbekannt, Tod am 21. 09. 50, erschossen/Leichenfund an Ostseeküste«. Nummer 91: Glätzer, Benno Andreas, am 8. Juni 1968 »betrunken von bundesdeutschem Schiff gefallen«. Alles DDR-Opfer? Seriosität sieht anders aus.

Hans-Hermann Hertle und Gerhard Sälter schrieben im *DeutschlandArchiv* 39/2006 über »Todesopfer an Mauer und Grenze« einen Satz, dem vorbehaltlos zuzustimmen ist: »Eine zumindest annäherungsweise zuverlässige Bilanz muss deshalb den zeitaufwendigen Weg einer Einzelfallprüfung beschreiten.« Und genau das unterbleibt.

Zentrum für Zeithistorische Forschung Potsdam und Stiftung Berliner Mauer

2009 erschien bei einem Berliner Verlag ein »Biografisches Handbuch« unter dem Titel »Todesopfer an der Mauer«. Herausgeber waren das Zentrum für Zeithistorische Forschung Potsdam (ZZF) und die Stiftung Berliner Mauer. Gefördert wurde das Werk vom Beauftragten der Bundesregierung für Kultur und Medien und der Bundesstiftung zur Aufarbeitung der SED-Diktatur. In dieses umfangreiche Projekt sollen alles in allem 280.000 Euro geflossen sein, wie es heißt.

Vier Jahre recherchierten die Autoren in vielen Archiven. Sie befragten Familienangehörige der Betroffenen, sammelten Zeitzeugenberichte, Fotos und persönliche Dokumente. Was Wunder: Die Todesfälle an der Staatsgrenze zu Westberlin sind ein Hauptelement bei der Verurteilung des »Unrechtsregimes«. Doch immerhin: Abweichend von den offiziösen Zahlen wird dort von 136 Menschen gesprochen, die zwischen 1961 und 1989 ihr Leben verloren haben.

Die Autoren ließen sich bei der Arbeit von wissenschaftlichen, nicht von propagandistischen Grundsätzen leiten. Sie lauten: »Erstens musste jede als Opfer genannte Person nachweisbar und zweifelsfrei wirklich zu Tode gekommen sein.« Alle unklaren Fälle, auch solche, wo eine hohe Wahrscheinlichkeit besteht, aber letzten Endes nicht bewiesen werden konnte, dass jemand zu Tode kam, wurden nur als Verdachtsfälle gewertet.

»Zweitens sind in eine Liste der Todesopfer an der Mauer ausschließlich Personen aufzunehmen, die in einem nachweisbaren und unmittelbaren Zusammenhang mit dem DDR-Grenzregime ums Leben gekommen sind. Diesen wissenschaftlich überprüfbaren Maßstab verfehlt die von der ›Arbeitsgemeinschaft 13. August‹ vorgelegte Opferliste. Sie kann daher nur als eine umfangreiche

Aufstellung von Verdachtsfällen betrachtet werden, die im Rahmen einer wissenschaftlich präzisen und nach klaren Kriterien durchgeführten Einzelfallprüfung zu verifizieren oder zu falsifizieren sind.«

Das verlangte, um zu einer zumindest annäherungsweise zuverlässigen Übersicht zu kommen, den Begriff »Todesopfer« klar und eindeutig zu definieren. Dafür legten die Autoren zwei Bedingungen fest: Es müsse einen Hintergrund für die Grenzverletzung existieren und ein zeitlicher und räumlicher Zusammenhang des Todes mit dem Grenzregime gegeben sein.

Sie sahen es als entscheidend an, dass dabei die »nachweisbare kausale und räumliche Verbindung« des Todes mit einer Grenzverletzung oder einem »direkten oder mittelbaren Verursachen bzw. Unterlassen« durch die Grenzschutzorgane am »Handlungsort Grenzgebiet« gegeben sei.

Die Wissenschaftler entschieden sich für die Einzelfallprüfung. Allerdings ließen sie auch keinen Zweifel daran, wo sie politisch stehen. Das wird schon mit dem ersten Satz des Vorworts der Herausgeber deutlich gemacht: »Nichts hat der kommunistischen Herrschaft in Ostdeutschland nachhaltiger das Gesicht einer Diktatur gegeben als die Mauer.« Die Autoren gehen offensichtlich davon aus, dass die Maßnahmen vom 13. August 1961 Unrecht waren, und zeigen damit, dass sie den zeitgeschichtlichen, globalen politischen Kontext dieses Vorgangs bei ihren Untersuchungen ausblenden. Ein solches Herangehen ist ahistorisch und unwissenschaftlich.

Der Rechtsanwalt Friedrich Wolff widersprach in der Zeitschrift *Ossietzky* 9/2011 dieser Haltung, indem er auf einen höchstrichterlichen Spruch hinwies. »Der Bundesgerichtshof hat in seiner Entscheidung vom 6. November 2002 (5StR 281/01) erklärt, dass nicht der Abbau der Mauer, sondern lediglich eine ›Humanisierung des Grenzregimes‹ gefordert war. Wörtlich heißt es in der Entscheidung: ›Zur Erreichung des Ziels einer solchen Humanisierung des Grenzregimes der DDR wäre nicht etwa die Öffnung der Grenze der DDR zum westlichen Teil Deutschlands oder der Abbau der mechanischen Sperrwerke an dieser Grenze erforderlich gewesen. Vielmehr hat die Praxis der DDR bei besonderen Anlässen wie Staatsbesuchen und Parteitagen, als Erschießungen an der Grenze – scil. Nachrichten hiervon – vermieden werden sollten, gezeigt, dass etwa eine Postenverdichtung es ermöglichte, Flüchtlinge handgreiflich zu stellen, statt sie aus größerer Entfernung zu erschießen.‹

Also, die Mauer an sich war kein Unrecht.

Das sehen aber die Verfasser des Handbuches anders; das Urteil des BGH kennen sie nicht, jedenfalls erwähnen sie es nicht.«

Das Handbuch enthält eine Fülle von Details und der Öffentlichkeit bisher unbekannten Fakten. Wichtige Zusammenhänge zu bewerten, Einzelschicksale im Kontext der Bedingungen des Kalten Krieges zu sehen und daraus Schlussfolgerungen zu ziehen, überforderte jedoch die Autoren, oder sie wollten es erst gar nicht. Nach ihrem Verständnis verstieß das Handeln der Grenztruppen, das Grenzregime der DDR, die Durchsetzung des Gewaltmonopols des Staates, gegen die Menschenrechte.

Friedrich Wolffs Urteil über diese Arbeit ist unmissverständlich: »Die Motive für die Flucht aus der DDR sind bedeutungsvoll für die geschichtliche Beurteilung der DDR. Das biografische Handbuch verspricht: ›Über die biografische Annäherung eröffnen sich Erkenntnisse über Motive und Lebensumstände der Flüchtenden und ebenso Einblicke in die Lebensgeschichten der durch andere Umstände an der Grenze zu Tode Gekommenen.‹

Leider hält das Handbuch dieses Versprechen nicht. Die Biografien der Mauertoten enthalten nur selten einigermaßen konkrete Aufschlüsse über die Motive der Opfer. Verallgemeinerungen der Motive fehlen ganz, es sei denn die Passage ›Bilder verzweifelter Menschen, die sich an

Bettlaken an Hausfenstern abzuseilen versuchten, um in die Freiheit zu springen‹, gelte als Hinweis auf konkrete Motive.

Es bleibt dem Leser überlassen festzustellen, wie viele Flüchtlinge aus Freiheitsliebe gehandelt haben und wie viele aus anderen Motiven. Das ist jedoch den ›biografischen Annäherungen‹ nicht immer und nicht mit der erwünschten Exaktheit zu entnehmen.«

Friedrich Wolff fand im Handbuch folgende Angaben über Fluchtmotive: »Sechs hatten den Wunsch nach einem besseren Leben. Ein Flüchtling wollte seine Verlobte aufsuchen, drei wollten sich der Verurteilung oder Verbüßung einer rechtskräftigen Strafe entziehen, einer litt an Krebs in fortgeschrittenem Stadium. Nur der Ballonfahrer handelte nach den Angaben seiner Witwe aus Freiheitsliebe.

Bei insgesamt zwölf Flüchtlingen waren derartige Angaben über das Motiv in den 136 ›biografischen Annäherungen‹ zu finden, nicht eben viel.« Der Rechtsanwalt Wolff abschließend: »Von einem Zentrum für Zeithistorische Forschung hätte ich mehr erwartet. So insbesondere eine Antwort auf die Frage: Warum verließen so viele Menschen die DDR? Warum taten es einige unter Lebensgefahr? Das biografische Handbuch hilft hier nicht entscheidend weiter. Es unterstellt einfach, die Flüchtenden hätten aus Freiheitsliebe gehandelt. […] Die drei Millionen, die nach Maueröffnung gingen, hatten wohl in der Regel das gleiche Motiv wie ihre Landsleute zuvor.«

Genau. Und das war nicht unbedingt die Liebe zur Freiheit, sondern, was nicht zu verurteilen, aber bei jeder sachlichen Betrachtung zu berücksichtigen ist, zu einem materiell besseren Leben.

** Horst Liebig, Jahrgang 1929, Oberstleutnant a. D., von 1950 bis 1982 an der Grenze, danach als Militärjournalist tätig*

An der Grenze zu Berlin

*Von Hans Boenke**

1958 war ich in die Deutsche Grenzpolizei eingetreten. Ich hatte mich zu einer dreijährigen Dienstzeit verpflichtet, die im November 1961 regulär zu Ende gegangen wäre. Schließlich sollten daraus 32 Jahre werden.

Unsere Ausbildung erfolgte in einem Objekt in Ludwigsfelde im Süden von Berlin; nach deren Ende wurde ich im Frühjahr 1959 in den Stab der 5. Grenzbrigade nach Groß Glienicke versetzt. Von dort schickte man mich zur Offiziersschule nach Erfurt. Die Ausbildung dort begann am 1. April 1960 und endete am 13. Oktober 1961 mit der Ernennung zum Unterleutnant. Danach wurde ich als Instrukteur für Parteiarbeit nach Teltow in die III. Grenzabteilung kommandiert.

Das Objekt befand sich in Teltow-Seehof in einem kleinen Steingebäude, daneben befand sich in einer Baracke die Unterkunft der 1. Grenzkompanie. Die 2. lag im Elsternstieg und die 3. im Schleusenweg. Beide Kompanien in Kleinmachnow waren in Wohnhäusern untergebracht.

Die III. Grenzabteilung sicherte den Abschnitt von der Grenzspitze in Sigridshorst entlang dem Teltowkanal über Kleinmachnow bis zur Autobahn. In bewohnten Gebieten betrugen die Entfernungen von den Häusern bis zum Grenzverlauf oft nur einige Meter.

Die Grenzsoldaten, damals ausschließlich Freiwillige, hatten keinen leichten Dienst. Es verging kaum ein Tag, an dem es nicht irgendwelche Vorkommnisse gab. Unsere Grenzposten wurden mit Gegenständen beworfen und auf das Übelste beschimpft. Wiederholt gab es Meldungen über Bedrohungen mit der Waffe, besonders durch

Angehörige der amerikanischen Berlin-Brigade. Auf den Fahrzeugen befindliche Maschinengewehre wurden hörbar durchgeladen und auf die Grenzposten gerichtet.

Auf einem dicht an der Grenze in Lichterfelde gelegenen Übungsplatz rasten wiederholt Fahrzeuge und Panzer in Richtung Grenze. Wenn unsere Soldaten in Deckung gingen oder seitwärts in die Büsche sprangen, folgte johlendes Gelächter. Bei einem Kontrollgang hielt ein Jeep in unmittelbarer Nähe. Der GI richtete das Maschinengewehr auf mich und brüllte etwas, was ich nicht verstand. Ich ignorierte ihn und ging mit erhöhtem Herzschlag weiter.

Wiederholt wurden Grenzsicherungsanlagen zerstört. Uns war der Gebrauch der Schusswaffe jedoch selbst für Warnschüsse untersagt, wenn wir Täter in flagranti erwischten. Wurde unserer Aufforderung, das Territorium der DDR zu verlassen, nicht nachgekommen, setzten wir Nebelkerzen ein. Das Betreten unseres Gebietes war ohne weiteres möglich, da die Grenzsicherungsanlagen nicht immer auf der Grenzlinie standen. Es gab an vielen Stellen ein vorgelagertes Territorium, das von einigen Zentimetern bis zu über 100 Metern reichen konnte.

Manche Westberliner versuchten es auf die sanfte Tour. Sie grüßten betont freundlich, reichten Zigaretten und Schokolade herüber. Oder junge Damen lockten mit ihren Reizen und versprachen ein Schäferstündchen, wenn man zu ihnen hinüberkäme. Zeigten wir die kalte Schulter, waren sie schon nicht mehr so freundlich. Da waren wir wieder die »Russenknechte« und die »grüne SS«, denen man es schon noch zeigen werde.

Wiederholt gab es Grenzdurchbrüche. Grenzverletzer konnten sich unbemerkt bis dicht an die Grenze bewegen und eine günstige Gelegenheit abwarten. Zu jener Zeit war noch kein Grenzgebiet markiert. Die vorhandenen Kräfte reichten nicht aus, um den gesamten Abschnitt unter lückenloser Beobachtung zu halten.

Offiziell gab es in der Einheit den sogenannten Dritteldienst, aber eingehende Meldungen über bevorstehende Angriffe auf die Staatsgrenze machten oft zusätzliche Einsätze erforderlich.

Einmal erhielten wir eine Information, dass mehrere bewaffnete Personen mit einem Pkw die Grenze im Raum Teltow-Kleinmachnow gewaltsam durchbrechen wollten. Der Pkw sollte von Teltow über die Rammrathbrücke nach Kleinmachnow gefahren sein. In den beiden Grenzkompanien in Kleinmachnow wurde Grenzalarm ausgelöst und alle verfügbaren Kräfte zur Abriegelung eingesetzt. Als ein Postenpaar das Objekt im Schleusenweg in Richtung Grenze verließ, bog ein Pkw, aus der Ernst-Thälmann-Straße kommend, in den Schleusenweg ein. Der Postenführer gab mit der Taschenlampe ein Stoppsignal. Der Fahrer hielt, stieß zurück und wollte sich offensichtlich der Kontrolle entziehen. Für die Soldaten stand fest, dass es sich nur um die avisierten Grenzverletzer handeln könnte. Der Postenführer lief hinterher und eröffnete mit der Maschinenpistole das Feuer.

Das Auto kam ins Schleudern und am Bordstein zum Halten. Ein britischer Oberst stieg auf der Beifahrerseite aus und murmelte vernehmlich: »Jungs, was macht ihr bloß!« Der Fahrer, wenngleich von mehreren Schüssen getroffen, lebte noch. Die Sowjets wurden gerufen, denn die Angehörigen ausländischer Militärmissionen waren für DDR-Grenzer tabu. Ein Oberst erschien und nahm seinen britischen Kollegen beiseite, nachdem er sich das Auto angeschaut, die Einschüsse gezählt und dem Schützen anerkennend gesagt hatte: »Kamerad serr gut schießen!«

Das Gespräch der beiden ehemaligen alliierten Verbündeten wurde unter vier Augen geführt. Vermutlich wird der Russe dem Briten erklärt haben, dass auch für ihn das Verbotsschild vorn an der Straße gegolten habe. Das war ein Militärobjekt, in dem er nichts verloren hatte.

Die Sache verlief ohne jegliches Nachspiel. Nirgendwo, weder im Westen noch bei uns, gab es darüber eine Nachricht.

Das erste Weihnachtsfest nach Schließung der Grenze wurde drüben zu einer Propagandanummer gemacht. Unter dem Motto »Licht an der Mauer« wurden entlang der Grenze unzählige Weihnachtsbäume mit Beleuchtung aufgestellt. Dazu spielte man Choräle und Weihnachtslieder. Fiel einmal die Weihnachtsbaumbeleuchtung aus – warum, entzieht sich meiner Kenntnis –, erschien unverzüglich Feuerwehr oder Polizei und brachte den dunklen Christbaum wieder zum Strahlen. Unsere Jungs machten sich bald einen Jux und stoppten die Zeit. »Hat diesmal länger gedauert. Ihr wart auch schon mal schneller!«, riefen sie hinüber.

Eine besonders aggressive Form des Psychoterros war das sogenannte »Studio am Stacheldraht«. Die Lautsprecherbatterien donnerten kilometerweit Hetzparolen und Beschimpfungen ins Land. Das reizte selbst die gutmütigsten Soldaten bis zur Weißglut, und ich hatte Überzeugungsarbeit zu leisten, damit sie nicht aus Notwehr auf die Lautsprecher feuerten. Es war unerträglich.

Ein- bis zweimal in der Woche war ich als Diensthabender der Abteilung eingesetzt. Der Diensthabende nahm die Meldungen aus den Kompanien entgegen und leitete sie an den Stab der Grenzbereitschaft weiter. Bei schwerwiegenden Vorkommnissen musste unverzüglich der Kommandeur oder der Stabschef informiert werden.

Mitte März 1962 erschien ein Offizier der Politabteilung der Grenzbrigade und führte mit mir ein Kadergespräch. Er teilte mir mit, dass vorgesehen sei, mich als Stellvertreter für Politische Arbeit in der Grenzkompanie in Babelsberg einzusetzen, weil der bisherige Stellvertreter für Politische Arbeit abgelöst werden müsse. Warum, sagte er nicht. Nach knapp fünf Monaten packte ich also meine Sachen.

Am 15. März 1962 begann mein Dienst als Stellvertreter des Kompaniechefs für Politische Arbeit in der 4. Grenzkompanie der selbständigen Grenzabteilung Potsdam. Das Objekt befand sich in Babelsberg in der Spitzweggasse. Die Einheit sicherte den Abschnitt entlang des Griebnitzsees, den Raum Klein Glienicke bis hin zur Babelsberger Enge. Der Raum Klein Glienicke, eine Enklave, gehörte zu den schwierigsten Abschnitten an der Grenze zu Westberlin.

Mein Einsatz erfolgte in einer nicht gerade günstigen Situation. Kurz zuvor hatte es eine Fahnenflucht gegeben. Die Ursachen und begünstigenden Umstände sprachen nicht gerade für die Kompanie. Darüber hinaus hatte es ein ernstes Zerwürfnis zwischen dem Politstellvertreter und der Wohngebietsparteiorganisation in Klein Glienicke gegeben.

Ich nahm mir vor, mit jedem Angehörigen der Kompanie persönlich zu sprechen, um jeden kennenzulernen. Da ich damals unverheiratet war und in der Kompanie lebte, hatte ich dazu auch die Zeit. Die Stärke der Kompanie schwankte zwischen 80 und 90 Mann. Die Zahl jener, die sich verpflichteten, ihre Dienstzeit zu verlängern, war rückläufig. Ja, die Tatsache, dass man nun nicht mehr Grenzpolizist, sondern Angehöriger der Grenztruppen der NVA war und eine neue Uniform bekam, spielte dabei ebenso eine Rolle wie die Auffassung, da es ja nun eine Wehrpflicht gebe, müsse man als Freiwilliger nicht länger bleiben. Und man kann davon ausgehen, dass die ständigen Provokationen und Beschimpfungen aus Westberlin nicht ohne Folgen blieben. Die permanente psychologische Einwirkung zeigte durchaus Wirkung.

In der Kompanie bestand eine mit 25 bis 30 Genossen relativ starke Parteiorganisation. Alle, bis auf einige ältere Vorgesetzte, gehörten der FDJ und der Sportvereinigung Dynamo, später der Armeesportvereinigung Vorwärts an.

Mitglieder von Blockparteien waren selten. Wenn ich mich recht erinnere, gab es bei meinem Dienstantritt in der Einheit je ein Mitglied der CDU und der DBD. In meiner fast achtjährigen Tätigkeit als Politstellvertreter in Grenzkompanien hatte ich es mit rund 15 Mitgliedern der CDU zu tun.

Auffallend war, dass jeder mit dem Vorsatz kam, seinen Dienst bei den Grenztruppen vorbildlich zu versehen. Wir hatten Probleme mit SED-Mitgliedern, nie aber mit einem Christdemokraten.

Mitte April 1962 erhielten wir eine Fahndungsmeldung. Gesucht wurden die Offiziersschüler Wolfgang Gundel und Peter Böhme. Sie hatten in der Nacht einen Waffenschrank in der Flak- und Artillerie-Schule in Geltow-Stahnsdorf geknackt und Pistolen und Munition gestohlen. Unverzüglich erfolgte der Übergang zur verstärkten Grenzsicherung. Die Grenzposten wurden eingewiesen und vorbereitet.

Am Abend des 17. April kontrollierte ich einige Stunden lang den Grenzabschnitt und verweilte längere Zeit bei den an der Brücke nach Klein Glienicke eingesetzten Grenzposten, da an dieser Stelle durchaus die Möglichkeit bestand, dass beide Fahnenflüchtige hier nach Westberlin durchbrechen könnten.

In den Morgenstunden wurde ich geweckt. Im Abschnitt der Nachbarkompanie war geschossen worden. Kurze Zeit später erfuhr ich, dass Böhme und Gundel versucht hatten, über die Gleise des Bahnhofs Griebnitzsee in Richtung Westberlin zu entkommen.

Beide hatten sich dem Grenzposten genähert, wurden vom Postenführer Jörgen Schmidtchen, einem Gefreiten, angerufen, wohl in der Annahme, dass es sich um eine Kontrollstreife handelte. Die beiden Deserteure eröffneten sofort das Feuer. Schmidtchen wurde tödlich getroffen. Der zweite Posten traf Böhme. Gundel konnte nach Westberlin entkommen.

Die Nachricht löste bei den Soldaten Bestürzung und Betroffenheit aus, zumal bekannt wurde, dass im Westen von einer »Notwehrhandlung« und »gezieltem Mord an einem Flüchtling« gesprochen wurde. Die DDR forderte die Auslieferung des geflüchteten Mörders, bekam jedoch nie eine Antwort.

Offiziell sprach man in der DDR nur von »zwei bewaffneten Banditen«, »gemeinen Verbrechern« und »Agenten«. Offensichtlich sollte nicht bekannt werden, dass es sich um Offiziersschüler der NVA handelte. Wir wussten, woher die beiden gekommen waren. Fortan war der Standort Stahnsdorf für unsere Grenzer ein »rotes Tuch«. Wenn Meldungen über Ausgangsüberschreitungen oder unerlaubte Entfernungen aus Stahnsdorf eingingen, dann schrillten bei den Grenzern im wahrsten Sinne des Wortes die Alarmglocken.

Nach 1990 wurde in diesem Mordfall neuerlich ermittelt, natürlich gegen den zweiten Grenzsoldaten, der damals Peter Böhme tödlich getroffen hatte. Wie im Verfahren jedoch herauskam, war Schmidtchen zuvor von Böhme erschossen worden, womit die Darstellung der DDR bestätigt wurde. Daraufhin musste dem Grenzsoldaten, den man zu verurteilen hoffte, Notwehr zugebilligt und die Anklage fallengelassen werden.

Der gewaltsame Durchbruch am 18. April 1962 sollte den Auftakt einer ganzen Reihe bilden.

Am 23. Mai 1962 wurde der Gefreite Peter Göring von einem Westberliner Polizisten getötet.

Am 18. Juni 1962 wurde der Gefreite Reinhold Huhn von einem Westberliner heimtückisch ermordet.

Am 14. August 1962 starb Hauptmann Rudi Arnstadt im Feuer eines Angehörigen des Bundesgrenzschutzes.

Immer wieder erreichten uns Meldungen von Versuchen bewaffneter Grenzdurchbrüche und Anschlägen auf unsere Grenzposten. Im Raum Mahlow wurden zwei bewaffnete Westberliner festgenommen, die einen Angehörigen der Grenztruppen kidnappen und nach Westberlin verschleppen wollten.

Im Nachbarregiment erwogen Studenten einen Grenzdurchbruch. Geplant war, dass zwei Mädchen die Grenzposten in ein Gespräch verwickelten, die Jungen wollten sich hinzugesellen und dann den Soldaten Salzsäure ins Gesicht spritzen. So weit aber kam es nicht.

Solche Informationen riefen bei den Grenzsoldaten recht unterschiedliche Gefühle hervor. Ich habe es in den acht Jahren als Politstellvertreter einer Grenzkompanie mit ungefähr 700 bis 800 jungen Soldaten zu tun gehabt. Ich habe mit ihnen unzählige Gespräche geführt und mir von ihren Sorgen und Ängsten berichten lassen. »Ich wünsche mir, nicht in die Lage zu kommen, die Schusswaffe anwenden zu müssen«, sagten die meisten. Doch wenn die Frage stünde »er oder ich«, würde man schießen. »Ich will meine Familie, meine Frau, mein Kind, meine Eltern, meine Lieben wiedersehen.«

In fast allen Entlassungsgesprächen lautete die Antwort auf meine Frage, was in der Dienstzeit das Wichtigste gewesen sei, dass »mir die Anwendung der Schusswaffe erspart blieb«. Und: »Ich hinterlasse einen spurenfreien KS.« (Kontrollstreifen)

Lediglich ein einziger Grenzsoldat bedauerte, dass ihm kein Grenzverletzer vor die Flinte gelaufen sei.

Die Mörder von Göring, Huhn und Arnstadt schossen von Westberlin bzw. vom Bundesgebiet. Unsere Schusswaffengebrauchsbestimmung untersagte ausnahmslos zu schießen, wenn die Kugeln über die Grenze fliegen könnten.

Es war nicht immer leicht, dafür bei den Grenzsoldaten Verständnis zu finden. Wiederholt wurde ich mit der Meinung konfrontiert: »Wenn mein Kamerad von Westberliner Seite erschossen wird, dann werde ich zurückschießen. Von mir kann keiner verlangen, dass ich in solcher Situation tatenlos zusehe.«

Diese Haltung zu überwinden, war nicht ganz einfach.
Ich bin auch froh, dass es zu keiner solchen Situation gekommen ist.

* *Hans Boenke, Jahrgang 1930, Oberstleutnant a. D., arbeitete als Deutscher in Polen als Gewerkschafts- und Parteifunktionär. 1958 übersiedelte er in die DDR und trat in die Deutsche Grenzpolizei ein. Im Herbst 1989, bei der Öffnung der Grenze, war er Politoffizier im Grenzkommando Mitte*

Minen an der Grenze

*Von Horst Jüttner**

Der technische Ausbau der Grenze und die Errichtung der Minensperren sollten die Grenzgängerbewegung einschränken beziehungsweise verhindern.

Von 1961 bis 1963 wurden auf über 700 Kilometern – das war mehr als die Hälfte der Westgrenze – Minen verlegt. Zunächst die Splitterminen POMS 2 und PMD 6, später kam die SM-70, als Luftmine am Zaun befestigt, dazu. »Anlage 501« nannten wir sie.

Die POMS 2 wurden durch Berühren eines Zugseiles, das die Sicherung herauszog, ausgelöst. In der Anfangszeit und am Tage konnte man die Zugdrähte gut erkennen und darübersteigen. Das gelang auch einigen Grenzverletzern.

Im Abschnitt des Grenzregiments Wittenburg irrte eine verwirrte Frau im Minenfeld umher. Ein Grenzposten konnte sie unverletzt herausgeleiten. Im Grenzregiment-20/Harzregiment, so berichtete eine Frau nach 1990, passierte sie in der Nacht wiederholt die Minensperre von West nach Ost und zurück, um Verwandte jenseits der Grenze zu besuchen.

Persönlich habe ich keine Erfahrungen mit dieser Art Minensperre gemacht. Dafür aber im Abschnitt des Grenzregiment-8 in Grabow mit den vergrabenen Erdminen zwischen Gothmann und der Boizenburger Elbewerft.

Das Minenfeld an diesem Teil der Staatsgrenze war von Anfang an militärisch unsinnig. Seit Jahrzehnten, wenn nicht gar Jahrhunderten, wurde fast der gesamte Abschnitt bei Hochwasser überflutet. Die Minen wurden im Sommer, als alles trocken war, verlegt. Schon im ersten

Winter stand das Minenfeld unter Wasser. Es gefror. Das Eis drückte auf die Minen und brachte sie – was von den Anwohnern mit Häme quittiert wurde – zur Detonation.

War der Winter vorbei, musste man auf dem Postenweg längs des Zaunes höllisch aufpassen. Mein Posten, der vorweg ging, blieb plötzlich stehen: »Was ist das, Genosse Oberleutnant?«

»Keine Ahnung, sieht aus wie eine Schuhcremeschachtel«, antwortete ich. Nicht mal wir Offiziere wussten Anfang der 60er Jahre, wie die Dinger aussahen. Auch der Verlegeplan war höchst geheim. Doch der war nach dem Hochwasser ohnehin obsolet.

Wir sicherten die ausgeschwemmte Mine mit Sträuchern und meldeten den Fund. Noch am gleichen Tage wurde sie durch einen Pioniertrupp gesprengt.

Obwohl die Minensperren durchaus abschreckende Wirkung auf potenzielle Grenzgänger hatten, was sich am Rückgang der versuchten Grenzdurchbrüche zeigte, erfüllte auch diese Sperranlage nicht ihren Zweck. Mancherorts wurde sie mit Hilfsmitteln überwunden. Ihre befehlsmäßige Sicherung durch Soldaten ließ nicht lange auf sich warten. Die Postengestellung an den Minensperren wurde zur Pflicht, anderenorts fehlten die Grenzsoldaten.

Jede Minendetonation musste unverzüglich aufgeklärt werden. Dazu wurden Streifen oder Alarmgruppen eingesetzt. Meist handelte es sich um eine Fehlauslösung, deren Ursache nicht geklärt werden konnte, oder es war Wild. Die Routine brachte es mit sich, dass die Sperrensicherung ohne Kontrolle meldete: »Minendetonation, Feld XY, Ursache: Wild.«

Die Meldung wurde in der Führungsstelle notiert und war damit erledigt. Die dienstlich ohnehin überforderte Truppe konnte weiterschlafen. Meist traf diese Meldung ja auch zu. Wildschweine und Rehe gelangten ohne Probleme durch den Stacheldrahtzaun in das Minenfeld. Ein

Grenzer, der in der Grenzkompanie Juchhöh diente, erzählte, dass sich bei ihnen ständig Rehe im Minenfeld aufhielten. »Man sah sie frühmorgens auf der gemähten Wiese friedlich äsen. Minuten später waren sie innerhalb der Sperre, hatten im hohen Gras und den Sträuchern darin ihren Tageseinstand.«

Im November musste ich in den Morgenstunden zwei Detonationen, die im zeitlichen Abstand von einer Minute erfolgt waren, untersuchen. Mit zwei Begleitposten begab ich mich auf Befehl zur Kontrolle der Auslöseursache. Der Posten konnte den Ort der Detonationen präzise beschreiben, so dass wir gleich »feindwärts« gingen.

Schon nach weniger als 100 Metern entdeckte ich eine tödlich getroffene Wildsau im Feld. Sie lag etwa drei Meter vom Zaun entfernt. Ein zweites Tier leuchtete als schwarzer Fleck in einer durch die Detonation flach ausgehobenen Mulde in der leicht mit Neuschnee überzuckerten Grasfläche. »Wir müssen die Tiere bergen. Füchse, Dachse und Krähen werden sonst bald erscheinen und weitere Minen auslösen.« Außerdem dachte ich als angehender Jäger an das schöne Wildbret …

Per Funk meldete ich die Ursache und meinen Entschluss, die Tiere zu bergen. Ich befahl den Posten: »Funkgerät aus«, wohl wissend, dass ich eine Genehmigung zur Bergung nicht bekommen würde.

Von einem in der Nähe wohnenden Fischer holten wir uns einen Enterhaken. Die Posten schickte ich hinter den Elbdeich. Ich setzte den Stahlhelm auf, legte mich auf den Bauch und versuchte, das erste Tier zu angeln. Nach mehreren gescheiterten Anläufen gelang es, die etwa 50 Kilogramm schwere Wildsau bis an den Zaun zu ziehen. Erleichtert atmete ich auf und wiederholte die Übung beim Überläuferkeiler.

Das Wildbret durfte nicht in der Gemeinschaftsküche verwertet werden. Dennoch schwartete ich beide Stücke ab und verteilte sie an Berufssoldaten. Bei den Tieren waren die Vorderläufe, das Gebrech und die Weichteile im Brustbereich verletzt. Einige Splitter waren bis in die Kammer gedrungen, was zum sofortigen Tod der Tiere geführt hatte.

Das Donnerwetter wegen meines Einsatzes vergaß ich bald. Alle Rehböcke, die sich ins Minenfeld tödlich verirrten, waren fortan meine. Einige davon hängen noch heute an meiner Trophäenwand.

Ein menschliches Opfer forderten die Tretminen bei Boizenburg bedauerlicherweise auch. Der junge Mann aus Sachsen hatte alle Warnungen und Verbotsschilder ignoriert, er hielt sie offenbar für einen Bluff. Er trat auf eine Mine, die am äußeren westlichen Rand des Feldes lag. Der Posten meldete die Detonation und auch die Hilferufe, er war aber zu weit entfernt, um den Unfallort präzise lokalisieren zu können. Die Alarmgruppe, die in wenigen Minuten eintraf, hatte jedoch den Gassenschlüssel nicht dabei, musste deshalb noch einmal zurück. Das alles kostete wertvolle Zeit. Der Verletzte hatte unterdessen mit eigener Kraft das Minenfeld verlassen und saß auf dem Deich. Er verfügte noch über genug Energie, um unsere Posten wegen der langen Wartezeit heftig zu beschimpfen. Noch im Krankenhaus in Boizenburg nahm er sich einen Anwalt und verklagte die Grenztruppe.

Der Vorgang wurde von Offizieren der Stäbe untersucht. Über das Ergebnis und die Anzeige des Verletzten erhielten wir keine Informationen …

Die wenigen Beispiele machen deutlich, in welchem Maße die Angehörigen der Grenztruppe durch die Minensperren belastet waren. Das wurde auch nach Montage der SM-70, der Schrotschussminen am Zaun, nicht besser. Diese lösten sich bei Witterungsunbilden wie Gewitter, Hagel und Schnee oft selbst aus. Gleiches taten auch größere Vögel, die sich auf die Spanndrähte setzten.

Die Minenanlagen bereiteten uns Grenzern nur Ärger und Verdruss. Zwischen 1961 und 1984 brachten sie einen toten Soldaten und über einhundert Verletzte.

Bis 1978 wurden 164 Grenzverletzter verwundet, darunter 23 tödlich.

Die Minenfelder waren nach 1961 von Marschall Konew gefordert worden. Das war eine Weisung des Obersten Befehlshabers des Warschauer Vertrages an die Partei- und Staatsführung der DDR. Unsere Militärführung drang in Moskau wiederholt darauf, alle SM-70-Anlagen abbauen und alle Erdminensperren beräumen zu dürfen. Die Sowjets stimmten erst nicht, dann 1984 nur unter Vorbehalt zu. Ersatzweise mussten fast 550 Kilometer Signal- und Sperrzaun errichtet werden.

Generaloberst Klaus-Dieter Baumgarten, der als Chef der Grenztruppen die Beseitigung der Minensperren bis zum 31. Juli 1985 befehligte, resümierte später: »Mehr als 650 Kilometer Minensperren mit Zehntausenden Minen unterschiedlicher Typen wurden in kurzer Zeit und in unmittelbarer Nähe der Staatsgrenze geräumt. Dabei gab es nicht eine Verletzung der eingesetzten Kräfte, obwohl diese Arbeiten nicht ungefährlich waren. Das war eine soldatische Leistung, die hohe Anerkennung verdiente.«

** Horst Jüttner, Jahrgang 1939, meldete sich als 17-jähriger Schlosser aus Wolgast zu den bewaffneten Organen. In 32 Dienstjahren war er Posten, Postenführer, Gruppenführer, Zugführer, Politstellvertreter, Instrukteur, Oberinstrukteur und am Ende Leiter einer Politabteilung. 1989 zog er die Uniform aus, sein letzter Dienstgrad bei den Grenztruppen der DDR war Oberstleutnant*

Im Grundwehrdienst an der Grenze bei Gandow

*Von Roland Kalz**

Bei der Musterung war ich gefragt worden, ob ich an der Grenze dienen möchte. Ich hatte nichts dagegen, zumal ich von der Mot.-Schützenausbildung nicht viel Gutes gehört hatte. Sammelpunkt für uns künftige Rekruten war der Bahnhof Berlin-Köpenick Anfang November 1972. Viele erschienen betrunken am Platz und grölten. Wir fuhren nach Wismar und marschierten unter Leitung einer Musikkapelle der sowjetischen Streitkräfte bis in die Kaserne. Die befand sich neben einer Ingenieurschule.

Die Ausbildung war sehr hart. Besonders für mich als Nichtsportler. Wer keine sieben Klimmzüge schaffte, musste abends üben. Ich hatte wegen ein paar überzähliger Pfunde Probleme mit der Normerfüllung, war aber sehr ausdauernd. Andere wollten schon aufgeben. Sie orientierten sich an mir. Da ich immer noch lief und robbte, hielten auch sie durch. Dafür wuchteten sie mich über die Eskaladierwand. So halfen wir uns gegenseitig.

Vor dem ersten Urlaub sagte der Kompaniechef: »Wer die Norm im 3.000-Meter-Lauf nicht erfüllt, fährt nicht in Urlaub.« Wir trainierten zwei-, dreimal, dann nahm ein uns gewogener Gruppenführer die Norm ab, und wir »erfüllten« alle.

»Na, geht doch«, sagte der KC erfreut.

Das Ausbildungsgelände nutzten wir gemeinsam mit dem »Regiment nebenan«, wie die Russen offiziell genannt wurden. Als wir bei einem nächtlichen Gefechtsalarm dort aufkreuzten, erschraken die Posten, die gepennt hatten, dermaßen, dass sie ihre Waffen durchluden und schrien:

»Stoi, ruki werch!« Sie glaubten ernsthaft an einen Überfall. Ansonsten kamen wir gut mit ihnen aus. Wir hielten beispielsweise Gesangswettbewerbe mit ihnen ab. Wir sangen überhaupt sehr viel. Beispielsweise beim »Granaten drehen«, wie das Kartoffelschälen bei uns hieß. Das sahen viele als Bestrafung an. Ich meldete mich oft freiwillig. Wir sangen »Hoch auf dem gelben Wagen« und »Meine Schwiegermutter hat 'ne Glatze, da wächst Rhabarber drauf, prosit Maxe«, aber auch »Grün ist meine Waffenfarbe,/ die so stolz ich trag./ Grün ist auch ein Kleid von dir,/ das so gern ich mag«.

Politunterricht gab Major Fritze. Der hatte guten Kontakt zu den Soldaten. Einmal fragt er, wer von uns in Militärischer Körperertüchtigung (MKE) eine Fünf habe. Als ich mich meldete, meinte er: »Macht nichts, zum Essenträger sind Sie immer noch geeignet.« Später traf ich ihn an der Grenze wieder. Da war er mit Soldaten zur Verstärkung der Grenzsicherung im Einsatz. Er saß auf einem Motorrad und trug einen Essenkübel auf dem Rücken. Ich zog den Major auf: »Na, auch 'ne Fünf in MKE?«

Am Ende der Ausbildung erfolgte die Profilausbildung. Jeder Soldat erhielt eine spezielle Qualifizierung für die Funktion, in der er eingesetzt werden sollte, etwa als Funker, Stellvertretender Gruppenführer, Panzerbüchsenschütze, Militärkraftfahrer usw. Ich wurde als Fernmelder ausgebildet und in der Grenzkompanie als Trabantfahrer eingesetzt. Während der Fahrausbildung mussten wir mit der Schutzmaske fahren. Das waren die alten russischen Modelle aus Gummi. Wegen eines Augenfehlers bin ich auf einem Auge fast blind. Deshalb hielt ich den Kopf schief, um durch die verrutschte Glasscheibe der Maske schielen zu können. Der Fahrlehrer regte sich auf: »Mann, kieken Sie nach vorn! Wat kieken Sie mir denn immer an?«

In Gandow wurden wir in den Grenzabschnitt eingewiesen. Wir wunderten uns, dass beispielsweise in Lütkenwisch einzelne Häuser direkt am Elbdeich standen, Gänse,

Schafe und Einwohner liefen im Elbvorgelände umher, ohne dass es irgendwelche Grenzsicherungen gab. Erst später wurde ein Streckmetallzaun gesetzt, und zwar auf der westlichen Elbkante vor Schnackenburg.

Täglich um 17 Uhr war Kompanieappell. Da schnitten die in der zweiten Reihe stehenden Gefreiten ihre Bandmaße ab. Der Hof lag voller Schnipsel. Das Kompaniegelände war mit einem Lattenzaun abgesperrt. An ihn hängten die Gefreiten einen Ring, der täglich in Richtung Kompanietor wanderte. Das war ein Kalender, ein Bandmaß und für jedermann sichtbar.

Gingen zwei Gefreite zusammen zum Grenzdienst, dann war das eine EK-Streife. Zwei Soldaten bildeten die Fliegenschicht. Wenn wir als gemischte Streife längs des Elbdeiches eingesetzt wurden, musste der Posten auf halber Höhe wie ein Hanghuhn gehen und das eigene Hinterland beobachten. Das ging verdammt in die Beine, zumal man noch das schwere Funkgerät (R 109) schleppte. Wenn die EK einen Soldaten auf dem Kieker hatten, ließen sie das Tragegestell der R 109 in der Kompanie. Nun musste der Posten das Gerät mit den Händen tragen. Das war Schikane.

Bei Lütkenwisch stand eine alte Scheune aus Backstein, dort verewigten sich die EK. Im Herbst 2002 zeigte ich meiner Tochter und Frau meinen Eintrag: »R. K. 37 Tage.« Mehrere verwitterte Gravuren waren nachgezogen worden. Ich war offensichtlich nicht der erste Grenzer, der zurückgekehrt war.

Mit der 37 hatte es seine Bewandtnis. Beim Tele-Lotto (»5 aus 35«) des DDR-Fernsehens wurden seit 1972 an jedem Sonntag fünf Zahlen gezogen. Jeder Zahl war eine bestimmte Rubrik zugeordnet. Hinter diesen Rubriken verbarg sich Archivmaterial mit Beiträgen aus den Genres Chanson, Komödie, Kurzkrimi, Oper, Trickfilm und vielen weiteren. Wir verlängerten die Liste und legten fest: 37 steht für Schießsport. Als wir noch 37 Tage zu dienen hatten, beschlossen wir: Punkt 17 Uhr geben alle Posten einen Schuss ab. Entlang der Grenze knallte es über viele Kilometer. Keiner hat etwas gemeldet. Niemand nahm daran Anstoß.

Höhepunkt der EK-Bewegung war der Entlassungstag. Wir wurden mit einem W 50 abgeholt. Sonst saßen wir immer auf dem LO 1800. An diesem Tage warfen wir alle Sachen von uns. Auf dem Dach der Kaserne, am Zaun, auf dem Grenzmeldenetz hingen Pantoffeln, Kaffeetassen und Unterhemden. Lange vorher schon hatten wir Löffel aus der Küche zu stehlen begonnen. Als wir vom Hof fuhren, warfen wir sie vom Auto. Zur Freude der Kinder von Lenzen schmissen wir Bonbons auf den Bürgersteig der Hamburger Straße. Es war wie Karneval.

Meinen einjährigen Dienst direkt an der Grenze absolvierte ich in einem System, bei dem unter normalen Bedingungen die Grenze jeweils von einem Zug für acht Stunden gesichert wurde.

1. Nachtschicht: Abfahrt zum Dienst 19.30 Uhr
2. Nachtschicht: Abfahrt zum Dienst 4.30 Uhr
Tagschicht: Abfahrt zum Dienst 12.30 Uhr.

Im 18 Kilometer langen Abschnitt der 8. Grenzkompanie wurden meist nur zwei Postenpaare eingesetzt. Zum Glück war das öffentlich nicht bekannt. Dennoch war die Elbgrenze damals eine Schwachstelle. Während meiner Zeit, vom Frühjahr 1973 bis Frühjahr 1974, gab es im Abschnitt unserer Kompanie mehrere Grenzdurchbrüche mit 14 oder 15 Personen sowie eine versuchte Fahnenflucht.

Ein Gefreiter – er gehörte auch äußerlich zu den schlampigsten der Einheit – ging im Sommer ’73 mit einem jungen Soldaten, der erst einige Tage in der Kompanie war, zum Grenzdienst. Sie besetzten einen trigonometrischen Punkt am Rottrang in der Nähe der Ortschaft Wustrow. Der Holzturm war mit einer Klappe gesichert. Sie meldeten sich von dort in der Führungsstelle in der

GK, ließen den Hörer in der Steckdose hängen und beobachteten den Abschnitt. Der Soldat zeigte sich sehr interessiert und erkundigte sich, ob in der Gasse der Minensperre, die sich in 200 Metern Entfernung befand, auch Minen liegen würden. Der Gefreite erklärte ihm alles. Dann verließ er den Turm, um »ein Ei zu legen«. Seine Waffe ließ er zurück. Nachdem er sein Geschäft in einem Gebüsch verrichtet hatte, kehrte er zum Turm zurück. Dort erwartete ihn bereits der Soldat mit beiden MPi. »Entweder du lässt mich jetzt gehen, oder ich leg dich um!«, erklärte er ihm. »Das ist kein Spaß, ich hau ab.«

Der Gefreite begann auf ihn einzureden. »Mach keinen Mist, du kommst da nicht rüber. Gib mir meine Waffe.«

Es kam es zu einem Handgemenge, der Gefreite ging zu Boden. Der Soldat rannte zur Gasse im Minenfeld, die mit einem hohen Tor und mit Stacheldraht gesichert war. Inzwischen kam der Gefreite zu sich und eröffnete das Feuer. Der Flüchtende schoss zurück. Der Postenführer hatte nur einen Gedanken: Ich muss die Kompanie verständigen. Der Grenzmeldenetzhörer steckte aber in der Steckdose auf dem 20 Meter hohen Holzturm. Stufe für Stufe stieg er empor und feuerte weiter. Der Soldat schoss auf ihn. Einige Kugeln schlugen in das Holz des Turmes. Endlich erreichte er die Luke, öffnete sie und schrie in den Hörer. »Eilt zu Hilfe, eilt zu Hilfe, Soldat XY will abhauen, er will durch die Gasse der Minensperre.«

Der Diensthabende der Kompanie befahl umgehend einen Posten feindwärts der Minensperre, der sich dort im Vorfeld aufhielt. Der OvD bestätigte den Anruf und löste Grenzalarm aus. Andere Posten hatten die Schießerei auch schon gemeldet.

Als das Gegenfeuer verstummte, stieg der Gefreite vom Turm. Der Flüchtling hatte sich im verschlossenen Tor eingeklemmt, seine Waffe lang am Boden.

In diesem Moment traf als Erster ein Grenzaufklärer in Zivil ein. Er trug eine MPi vor seinem hellblauen Rollkragenpulli. Er hatte Urlaub und sich aufs Motorrad geschwungen, als er die Schießerei hörte. Dann kam der Hauptfeldwebel mit seiner MZ, dann erst die Alarmgruppe. Gemeinsam holten sie den Soldaten vom Zaun und nahmen ihn fest. In Ermangelung von Handschellen fesselten sie ihn mit einem Verbandspäckchen.

Über die Motive der Flucht wurden wir nicht informiert. Der Postenführer erhielt drei Tage Sonderurlaub und eine teure Armbanduhr. Nicht übel. Dennoch wollte keiner mit ihm tauschen und niemand je in eine solche Situation kommen.

Das Vertrauen des 3. Diensthalbjahres zu den Neuen, das 2. DHJ, wurde durch diesen Zwischenfall stark erschüttert. Fortan ließen die Gefreiten die Posten immer vor sich gehen. Sie gaben die Waffe nie aus der Hand und verhielten sich wachsamer, man kann auch sagen: misstrauischer. Als ich einmal pinkeln ging – ohne MPi, weil es regnete – und zurückkehrte, stand der Postenführer mit der Waffe im Anschlag vor mir. »Ich erschieß dich und sage, du wolltest fahnenflüchtig werden. Dann bekomme ich noch einen Orden dafür.«

Ich wurde kreidebleich, das Herz rutschte mir in die Hose. Er ließ mich minutenlang im Regen stehen. Hinterher sagte er, es wären allenfalls Sekunden gewesen.

»Merk dir das: Lass nie deine Waffe liegen, wenn du mal musst!«

Später, als ich selbst Postenführer war, habe ich das mit einem Soldaten auch einmal so gemacht.

Die zahlreichen Grenzdurchbrüche und die gescheiterte Fahnenflucht zerrten an unseren Nerven. Mancher Posten feuerte bereits, wenn er nur ein Geräusch hörte.

Ich habe mir einmal eine Dose mit Schuhcreme ans Ohr gehalten, weil ich sie für den Grenzmeldenetzhörer hielt.

Wir hatten alle »GM«.

Eine Grenzer-Macke.

Der eine war Schornsteinfegerlehrling, der andere erlernte den Maurerberuf. Beide besaßen einen grünen Passierschein, der sie berechtigte, im Rahmen ihrer Lehrausbildung den 500-Meter-Schutzstreifen zu betreten.

Beide zogen sich die schwarze Schornsteinfegerkluft an. Der eine den Sommer-, der andere den Winteranzug. Mit dem Fahrrad passierten sie den Kontrollpunkt Lenzen-Löcknitzbrücke. In Mödlich stiegen sie einem Bauernhaus aufs Dach. Von oben erkundeten sie den Verlauf der Grenze und den vorgelagerten Grenzposten. Als die beiden Genossen bei Dienstende ihren Platz verließen, um zum Ablösepunkt zu gehen, schlichen sich die Lehrlinge bis an das Ufer der Elbe. Dort zogen sie sich aus und schwammen durch den Fluss.

Das neue Postenpaar sah die beiden, als sie bereits auf der anderen Seite aus dem Wasser stiegen. Sie fanden die Kleidung am Ufer und meldeten den Grenzdurchbruch.

Die DDR drängte die Eltern, bei den Bundesbehörden die Rückführung ihrer minderjährigen Söhne zu fordern. Soweit mir bekannt ist, blieben die beiden im Westen.

Der Kontrollposten an der Löcknitzbrücke war bei uns beliebt. Er bot wegen der Ein- und Ausreise der Anwohner, der Kontrolle der Schichtbusse nach Dömitz und zurück eine willkommene Abwechslung. Da die Einreisegenehmigungen farblich gekennzeichnet waren, brauchte man lediglich die Gültigkeit zu prüfen.

Unter den Passanten waren auch junge Mädchen, mit denen sich flachsen ließ. Zwei arbeiteten als Melkerlehrlinge in der LPG. Angelika und Martina fuhren mit einem Pferdegespann täglich ins Grenzgebiet, wo die Rinderherde der LPG graste.

Die Mädels kamen immer sehr früh und dösten noch auf dem mit Stroh beladenen Wagen. Sie meckerten kurz, wenn sie der Posten weckte, doch ein Wort gab das andere, und der Tag bekam gute Laune. Am liebsten wären wir zu ihnen ins Stroh zu einem Schäferstündchen gekrochen.

Apropos Schäfer. Dieser und der Bisamratten-Jäger waren die Einzigen, die allein in den Grenzabschnitt vorm Elbdeich durften. Das war nicht einmal dem Kompaniechef gestattet. Der Schäfer ließ seine Herde dort grasen und genoss nicht nur unseren Respekt, sondern auch Artenschutz. Allerdings waren einmal in jenem Abschnitt im Rahmen der Bataillonssicherung fremde Posten eingesetzt worden, die nichts davon wussten. Und als der Schäfer wie gewohnt mit seinem Moped Richtung Elbe fuhr, meldete der Posten aufgeregt einen Grenzdurchbruch und erklärte: »Ich eröffne das Feuer!«

»Um Himmels willen«, kam es vom Grenzkommando, »das ist unser Schäfer!«

Bei einem Grenzdurchbruch (GDB) im Raum Lütkenwisch bekam einer kalte Füße. Seine vier Kameraden zwangen ihn jedoch, mit ihnen bis zur Mitte der Elbe zu schwimmen und erst dann zurückzukehren, damit er sie nicht vorher verraten konnte.

Das tat er natürlich, nachdem wir ihn festgenommen hatten. So erfuhren wir überhaupt erst von diesem GDB.

Der NDR meldete jede erfolgreiche Flucht. Im Grenzdienst hatten einige ein kleines Radio dabei, mit dem wir auch Nachrichten von drüben hörten. Hatte der *Norddeutsche Rundfunk* nichts zu melden, sagten wir froh: »Wir haben einen guten Grenzdienst gemacht.«

Einmal nahmen wir zwei Polen fest, die über die Elbe wollten. Sie boten uns Zigaretten an, wenn wir sie laufen ließen.

Die Landgrenze (Grenzregiment-24) stieß im spitzen Winkel auf die Elbe. Einige, die dort über die Elbe schwammen, wähnten sich, nachdem sie das andere Ufer erreicht hatten, bereits im Westen. So auch ein fahnenflüchtiger Russe. Als er drüben ankam, fragte er unseren Grenzposten, wie weit es noch bis Hamburg sei.

Dieser Irrtum unterlief auch einem DDR-Bürger. Als wir riefen »Hände hoch, Grenzposten der DDR!«, brach er nicht nur vor Erschöpfung zusammen. Ich bot ihm eine NVA-Decke an, die er zurückwies. Später nahm er sie doch, weil er jämmerlich fror.

Am Kontrollpunkt Löcknitz fuhr ein Motorrad mit zwei Jungs vor. So eine Maschine wünschte ich mir schon lange. Wir kamen ins Gespräch. Es stellte sich heraus, dass die beiden Jungs aus der Gegend von Magdeburg waren – wie mein Posten. Die »Landsmänner« kamen ins Schwatzen, ich durfte unterdessen mit dem Krad eine Runde drehen. Dabei kam ich mit den Händen unter die Sitzbank und entdeckte dort schwarze Gymnastikanzüge und schwarze Socken. »Wer nimmt nagelneue Socken als Putzlappen?«, fragte ich mich und wurde neugierig. Schließlich fand ich noch Fett und Taucherwesten. Das stank gewaltig. Was wollten die überhaupt hier?

Wir nahmen die beiden vorläufig fest und ließen sie von der Kompanie abholen. Wie sich zeigte, waren die Passierscheine gefälscht. Schließlich gestanden sie, dass sie durch die Elbe schwimmen wollten.

In Lütkenwisch vermuteten wir auf unserer Seite einen Grenzschleuser, der aber nie ermittelt wurde. Bei Niedrigwasser im Sommer konnte man in einer Furt fast bis Elbmitte gehen. Von dort musste man nur das kurze Stück über die Fahrrinne schwimmen. Das gelang einigen Leuten. Sogar eine hochschwangere Frau kam auf diesem Weg in den Westen. Allerdings wurde sie mit einem Boot von drüben abgeholt. Ohne die Hilfe eines Ortskundigen wäre das nie gelungen.

Im Sommer 1973 gab es wegen der Weltfestspiele der Jugend und Studenten in Berlin 15 Wochen Urlaubssperre an der Grenze. Ausgang war nur bis Gandow gestattet, Lenzen lag bereits außerhalb und war damit verboten. Schon 22 Uhr schloss die Dorfgaststätte in Gandow. Was für ein blöder Sommer!

Dann aber gab es endlich Urlaub. Als es zur letzten Schicht ging, kamen wir an einer Wiese vorbei. Plötzlich donnerte ein Bulle auf uns zu. Ich riss die MPi herunter und schrie: »Geh zur Seite, ich erschieß ihn. Der bringt uns um!« Ich habe einen landwirtschaftlichen Beruf erlernt und kannte mich mit diesen Tieren aus.

Mein zweiter Mann flehte: »Mach das nicht, sonst kannst du morgen nicht in Urlaub fahren.« Damit hatte er leider recht.

Der Bulle bremste zwei Meter vor uns. Er senkte das Haupt, ich sah das Weiße in seinen Augen, er schnaufte erregt. So standen wir uns einige Minuten gegenüber – er zum Angriff bereit, ich mit dem Finger am Abzug.

Vielleicht begriff er das Ausweglose der Situation? Er drehte sich langsam um und trottete zur Herde zurück.

Eines Tages entdeckten wir im Schilf ein Boot. Wie immer in solchen Fällen wurde eine große Suche veranstaltet, die aber nichts brachte. Auch auf der anderen, der Westseite, suchte man.

Auf dem großen Dienstweg erfuhren wir später, dass in Schnackenburg, der kleinsten Stadt Niedersachsens, jemand im Suff gewettet hatte, er werde mit seinem Kahn »rübermachen« und von der DDR-Seite durch die Elbe unbemerkt zurückschwimmen. Er sei dann drüben auch angeschwemmt worden. Tot. Gottlob hatte man in Schnackenburg die Sache ordentlich recherchiert, so dass die sonst üblichen Vorhaltungen bei Ertrunkenen in der Elbe an unsere Adresse ausblieben.

In Lütkenwisch wohnte ein Landwirt, der im Kuhstall arbeitete, ein guter Kumpel. Er war Freiwilliger Helfer der Grenztruppen und trug den Spitznamen »Menschenfresser«. Wer ihm diesen abscheulichen Namen gegeben hatte, wusste keiner. Bei ihm kehrten wir oft ein und tranken im Stall frische Milch. Er lud uns auch in seine Wohnung ein und bereitete uns ein gutes Frühstück mit Rühreiern. Unsere MPi standen dann in der Küche, während wir in der Stube speisten. Sonntags um 8 Uhr gab es Kuchen. Er bot uns immer etwas an.

War die Zeit heran, meldeten wir über Funk pflichtgemäß dem Grenzkommando »Otto Viktor«, also OV, was »Ohne Vorkommnisse« hieß, und ergänzten »Beobachten weiter« oder »Bewegen uns zur 13«. Man wähnte uns an der Kante. Wir aber saßen im Warmen bei unserem Freund und rauchten noch eine Zigarette mit ihm.

Wir als Wehrpflichtige hatten einen guten Kontakt zur Grenzbevölkerung. Sie wussten, dass wir nicht grundlos da waren, und verkehrten mit uns völlig normal. »Na Jungs, Scheiß-Wetter heute. Wollt ihr einen Schluck?« Frauen schenkten uns Äpfel.

Es blieb auch nicht aus, dass sich feste Verhältnisse zwischen Grenzern und jungen Mädchen entwickelten. Ich selbst besorgte mir Zahnarzttermine in Lenzen, um »Heidrun« zu treffen, meldete ich mich freiwillig zum Brot- und Brötchenholen mit dem Trabi-Kübel, um sie kurz zu sehen. Bei anderen Grenzern entwickelten sich dauerhafte Beziehungen. Einige hängten ihren Beruf an den Nagel und blieben bei der Dame ihres Herzens.

In unserer Küche arbeiteten Frauen aus den Grenzorten als Zivilbeschäftigte. Ihnen zur Seite standen zwei Wehrpflichtige, »Küchenschaben« genannt, die uns in der Nacht mit warmen Getränken versorgten. Eine der Frauen nahm die Abfälle für ihre Schweine mit nach Hause. Weihnachten fand in der Kompanie ein Schlachtfest statt.

Der Grenzdienst im Winter war oft eine Zumutung, wenn der Frost klirrte und eisiger Nordwind über den Deich fegte. Oft fragten wir uns: »Müssen wir uns das für 120 Mark Wehrsold und 35 Mark Grenzdienstzulage antun?«

Wir zogen alles an, was wärmte, und wurden dadurch fast bewegungsunfähig. Hätte man uns umgeworfen,wären wir nur mit Mühe wieder hochgekommen. Selbst *Volksarmee* und *Junge Welt* stopften wir in die Uniform, um nicht zu erfrieren. Zwar saßen wir im Grenztrabant, aber die Seitentüren mussten laut Vorschrift geöffnet bleiben. Wenn wir es vor Kälte nicht mehr aushielten, ließ ich den Motor an und fragte meinen Begleiter: »Willst du auch eine warme Dusche?« Dann schob ich den Schlauch, der die Abluft des Motors ins Auto führte, unter die Wattejacke. Das war ein wahnsinnig schönes Gefühl.

Der sechs Meter breite Kontrollstreifen wurde täglich nach Spuren abgesucht. Fand man welche, wurde aufgeklärt. Es gab mehrere Varianten. Spuren in Richtung Zaun: vermutlich Grenzdurchbruch. Dann wurde vorn weiter gesucht. Die ganze Elbe entlang. Uns fiel auf, dass Grenzverletzer ihre Kleidung als Päckchen auf der vorderen Spitze der Buhne bauten, nie einfach nur hinwarfen. Es waren ordentliche Menschen.

Führten die Spuren zurück, wurde auf unserer Seite weitergesucht. Tiefe Eindrücke bedeuteten: Es waren zwei – einer trug den anderen. Spuren vom Zaun zu uns hin: Man ging rückwärts, um uns zu täuschen.

In jedem Fall nahm die Aufklärung lange Zeit in Anspruch. Führte die Spur ins Hinterland, etwa in ein Waldstück, kamen Meutehunde zum Einsatz.

Ein Hundeführer ging links vom Waldstück, der andere rechts. Pfiff der linke mit einer Hundepfeife, stürmten die Hunde dorthin, pfiff der rechte, liefen sie zurück. So ging das immer hin und her. Oft retteten sich die Flüchtenden auf einen Baum, dann gab die Meute Laut. Waren Wildschweine im Bestand, bellten die Hunde anders. Die Hundeführer kannten sich aus.

BGS und ZGD tauchten mit ihren Streifen regelmäßig auf der gegenüberliegenden Seite auf. Sie fuhren VW-Käfer, Landrover, MTW (Mannschaftstransportwagen), sie kamen mit dem Fahrrad oder gingen zu Fuß. Auch eine uniformierte Dame hoch zu Ross sah ich einmal. Als ich mich wegen der schlechten Telefonverbindung in einer absolut stillen Nacht fast heiser schrie und den Tarnnamen »Hafen« wiederholt brüllte, reimte ein Zöllner vernehmlich am westlichen Ufer: »Hafen – gut schlafen.«

Alles, was wir auf der Elbe und am anderen Ufer sahen, mussten wir melden. »Zollboot Lüchow-Dannenberg, Vietze – flußabwärts, 12.30 Uhr.« Überflogen Hubschrauber die Grenzlinie, die in der Mitte der Fahrrinne verlief, musste eine Luftmeldung abgesetzt werden. Das unterließen wir aber wegen der Bürokratie und der ständigen Nachfragen. In wenigen Augenblicken waren sie ohnehin verschwunden und vergessen, dachten wir. Wozu also der Aufwand?

Selbst die Zahl der auf den Ausflugsdampfern reisenden Personen und Besucher der Plattform am Höhbeck sollten wir melden. Nicht zu melden hingegen waren die sich sonnenden und nackt badenden Frauen und Männer sowie Liebespärchen.

Eines Nachts fiel das Grenzmeldenetz aus. Zur Behebung der Störung mussten der Nachrichtenunteroffizier Arndt und der Waffenunteroffizier Häußler mit einer MZ in den Abschnitt. Auf einer schmalen Straße überquerte vor ihnen eine Rotte Wildschweine die Fahrbahn. Der Kradfahrer glaubte, sie wären alle vorüber. Dann aber folgte noch ein Nachzügler. Es gab einen Zusammenstoß bei hohem Tempo.

Die beiden Unteroffiziere lagen auf der Straße und waren schwer verletzt, aber bei Bewusstsein. Da niemand vorbeikam, schossen sie beide Pistolenmagazine leer. Nach einiger Zeit erschien die Alarmgruppe und leistete Erste Hilfe.

Der LO brachte die beiden Unteroffiziere, die MZ und die tote Sau in die Kompanie. Die Verletzten wurden sofort ins Hospital gebracht. Die Sau wurde ausgeschlachtet und die Leber noch in der gleichen Nacht gebraten.

Den Rest kriegte der Bataillonsstab.

* *Roland Kalz, Berliner, leistete seinen Grundwehrdienst vom November 1972 bis April 1974 im Ausbildungsbataillon in Wismar und in der 8. Grenzkompanie/Gandow*

ISBN 978-3-360-02048-2

Umschlaggestaltung/Satz: edition ost
Cover-Foto: Archiv. Angehörige des Bundesgrenzschutzes »schießen« mit langen Brennweiten auf Soldaten der Grenztruppen der DDR
Druck und Bindung: Salzland Druck, Staßfurt

Ein Verlagsverzeichnis schicken wir Ihnen gern:
Das Neue Berlin Verlagsgesellschaft mbH
Neue Grünstr. 18, 10179 Berlin
Fax 01805/35 35 42
Tel. 01805/30 99 99 (0,14 Euro/Min., Mobil max. 0,42 Euro/Min.)

Die Bücher von spotless und des Verlages Das Neue Berlin erscheinen in der Eulenspiegel Verlagsgruppe.

www.edition-ost.de